GAIA REISEN

Wanderführer mit 60 Touren

Harz

AUTOR

Elke Haan • Studium der Germanistik und Kunstgeschichte, M.A., Buchhändlerin. Die Autorin durchstreift als unermüdliche Wanderin vorzugsweise die deutschen Mittelgebirge und Norwegen.

VORWORT

Der Harz ist das höchste Bergland im deutschen Norden. Sein höchster Gipfel, der sagenumwobene Brocken, ist der bekannteste deutsche „Blocksberg“ und lässt sich auf spannenden Wegen aus allen Himmelsrichtungen erwandern.

Die höchsten Gebiete des Harzes stehen als Nationalpark unter Schutz. Hauptlandschaften sind der mit der Brockenbahn erreichbare Hochharz, der Westharz bei der Kaiser- und Weltkulturerbestadt Goslar, der Unterharz nahe der Weltkulturerbestadt Quedlinburg und die blendend weißen Gipslandschaften in der „Karstlandschaft Südharz“ mit der Barbarossahöhle.

Die Markierung und namentliche Ausschilderung der Wege im Harz ist vorbildlich, hinzu kommen ein gutes öffentliches Verkehrsnetz und eine Vielzahl an Einkehrmöglichkeiten und Unterkünften, sodass Wanderer optimale Bedingungen für gelungene Wanderferien vorfinden.

Viele Wanderungen lassen sich verbinden mit dem Besuch berühmter Burgen, Schlösser, Kirchen und Fachwerkstädte, darunter Gernrode, Blankenburg, Wernigerode und Stolberg. Hinzu kommen zahlreiche Bäder, beispielsweise das Solebad Bad Harzburg an der Deutschen Fachwerkstraße und der Deutschen Ferienstraße Alpen – Ostsee. Unter den zahlreichen Wassersportseen gilt der Okerstausee als „Vierwaldstätter See des Harzes“.

INHALT UND TOURENÜBERSICHT

AUFTAKT

Granitfelsen auf dem Renneckenberg im Brockengebiet.

ANHANG

km	h	hm	hm	P							
1,5	1:00	17	17		✓		✓	✓	✓		✓
22	6:00	599	522	✓	✓		✓	✓		✓	✓
14	5:00	529	529	✓	✓		✓	✓			✓
8	3:00	166	166	✓	✓		✓				✓
13	4:00	411	411	✓	✓	✓	✓	✓			
30	8:00	956	956	✓	✓		✓	✓			✓
13	4:00	126	126	✓	✓			✓			
13	4:00	280	280	✓	✓						
9	3:00	375	33	✓	✓			✓			
6	2:00	84	84	✓	✓						

Fahrt mit der Brockenbahn.

INHALT UND TOURENÜBERSICHT

km	h	hm	hm								
22	6:00	635	195	✓	✓	✓	✓				✓
13	4:00	877	45	✓	✓		✓	✓			✓
31	8:00	892	892	✓	✓		✓	✓			✓
15	3:30	413	413	✓	✓						
15	4:00	280	280	✓	✓		✓				
24	6:45	619	619	✓	✓		✓	✓			
14	5:00	178	178	✓	✓		✓				
30	8:00	300	300	✓	✓		✓				
10,5	3:00	164	164	✓	✓		✓				
7	3:00	181	181	✓	✓		✓				
13,5	3:30	223	223	✓	✓		✓				
7	3:00	271	271	✓	✓		✓				✓
19	6:00	510	510	✓	✓		✓				
16	4:30	205	205	✓	✓		✓				
10	3:00	280	280	✓	✓		✓	✓			
13,5	3:45	356	313	✓	✓		✓	✓			
12	3:30	210	210	✓	✓		✓				
12	3:30	140	140	✓	✓		✓				
8	2:30	265	265	✓	✓		✓				
22	6:30	597	597	✓	✓		✓				
12	3:30	130	130	✓	✓		✓				
13	4:00	280	280	✓	✓		✓				
19	5:00	339	344	✓	✓		✓	✓			
9	2:30	215	215	✓	✓						
8	2:15	61	61	✓	✓						

INHALT UND TOURENÜBERSICHT

km	h	hm	hm	P							
10	3:00	130	130	✓	✓						
15	4:00	407	407	✓	✓		✓	✓			
17	4:30	401	841	✓	✓			✓			✓
10,5	3:15	461	461	✓	✓		✓				✓
26	7:30	717	927	✓	✓		✓				
22	5:45	370	370	✓	✓		✓				✓
19	5:30	180	180	✓	✓		✓				
12	3:00	250	250	✓	✓		✓				✓
9	3:00	179	179	✓	✓		✓				
15	4:00	285	230	✓	✓						
15	4:30	349	349	✓	✓		✓	✓			
20	5:45	437	437	✓	✓	✓	✓	✓			✓
22	6:30	498	498	✓	✓		✓				✓
13	3:30	440	440	✓	✓		✓				
21	6:00	618	618	✓	✓	✓	✓				
17	4:30	20	20	✓	✓		✓		✓	✓	
10,8	2:50	390	390	✓	✓				✓	✓	
15,4	4:00	570	570	✓			✓				
12,1	3:45	240	390	✓			✓				
11,2	3:00	150	150	✓			✓				
8,4	2:15	390	390	✓	✓						
9,2	2:30	220	220	✓							
4,3	1:10	220	220	✓	✓						
26,9	7:00	540	570	✓	✓		✓			✓	
14,7	3:45	250	390	✓	✓		✓				

GEBIETSÜBERSICHTSKARTE

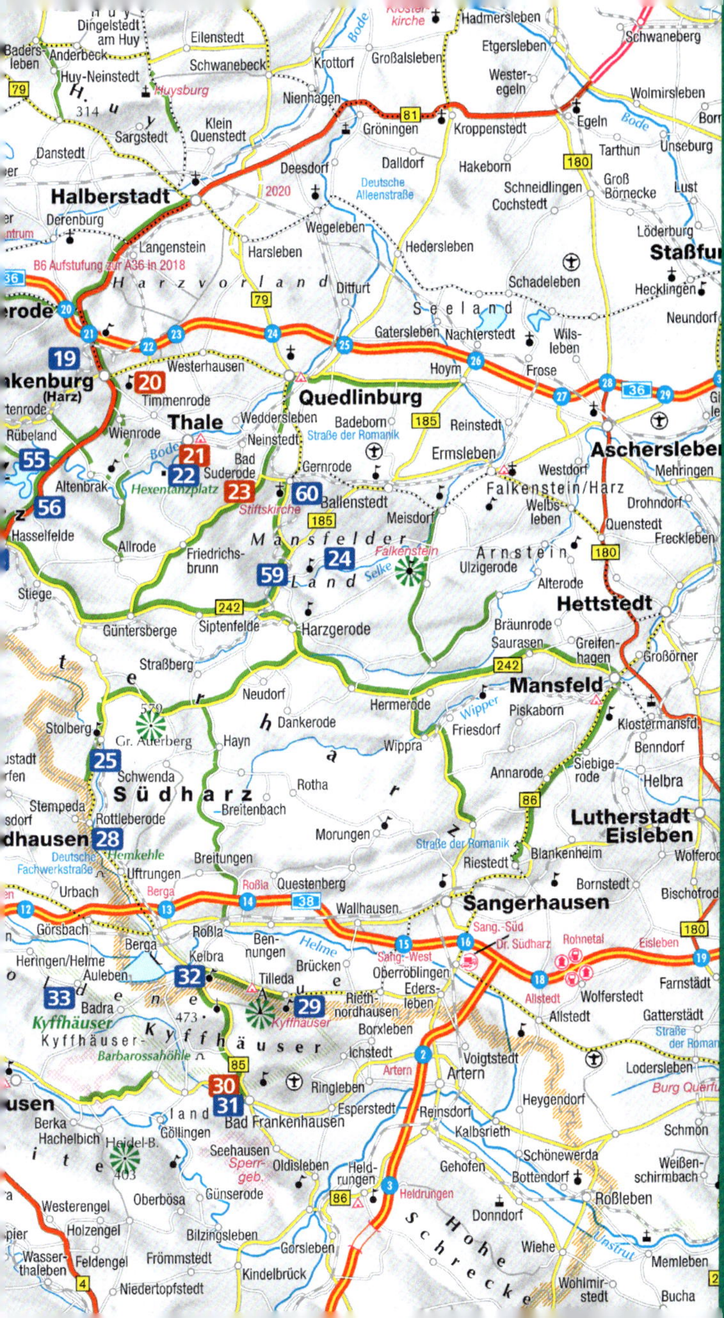

Dingelstedt am Huy
Eilenstedt
Badersleben
Anderbeck
Huy-Neinstedt
Huysburg
Schwanebeck
Krottorf
Großalsleben
Klosterkirche
Hadmersleben
Etgersleben
Schwaneberg
Westeregeln
Wolmirsleben
Nienhagen
Gröningen
Kroppenstedt
Egeln
Bode
Klein Quenstedt
Sargstedt
Danstedt
Deesdorf
Dalldorf
Hakeborn
Tarthun
Unseburg
Halberstadt
Deutsche Alleenstraße
Schneidlingen
Cochstedt
Groß Börnecke
Lust
Derenburg
Wegeleben
Löderburg
Langenstein
Harsleben
Hedersleben
Staßfurt
B6 Aufstufung zur A36 in 2018
Harzvorland
Ditfurt
Schadeleben
Hecklingen
Seeland
Neundorf
Gatersleben
Nachterstedt
Wilsleben
Westerhausen
Hoym
Frose
Blankenburg (Harz)
Timmenrode
Quedlinburg
Thale
Weddersleben
Badeborn
Reinstedt
Neinstedt
Straße der Romanik
Aschersleben
Rübeland
Wienrode
Bad Suderode
Gernrode
Ermsleben
Westdorf
Mehringen
Altenbrak
Hexentanzplatz
Ballenstedt
Falkenstein/Harz
Drohndorf
Stiftskirche
Meisdorf
Welbsleben
Quenstedt
Hasselfelde
Allrode
Mansfelder Land
Freckleben
Friedrichsbrunn
Falkenstein
Selke
Arnstein
Ulzigerode
Alterode
Stiege
Hettstedt
Güntersberge
Siptenfelde
Harzgerode
Bräunrode
Saurasen
Greifenhagen
Großörner
Straßberg
Mansfeld
Neudorf
Hermerode
Piskaborn
Stolberg
Gr. Auerberg
579
Dankerode
Wipper
Friesdorf
Klostermansfeld
Hayn
Wippra
Benndorf
Schwenda
Harz
Rotha
Annarode
Siebigerode
Helbra
Südharz
Stempeda
Breitenbach
Lutherstadt Eisleben
Rottleberode
Morungen
Nordhausen
Deutsche Fachwerkstraße
Heimkehle
Straße der Romanik
Blankenheim
Uftrungen
Breitungen
Riestedt
Urbach
Berga
Roßla
Questenberg
Bornstedt
Bischofrode
Wallhausen
Sangerhausen
Görsbach
Sang.-Süd
Dr. Südharz
Rohnetal
Eisleben
Berga
Roßla
Bennungen
Helme
Heringen/Helme
Kelbra
Brücken
Sang.-West
Oberröblingen
Auleben
Tilleda
Edersleben
Allstedt
Wolferstedt
Farnstädt
Goldene Aue
Badra
473
Riethnordhausen
Kyffhäuser
Borxleben
Allstedt
Gatterstädt
Kyffhäuser-
Kyffhäuser
Barbarossahöhle
Ichstedt
Voigtstedt
Lodersleben
Artern
Ringleben
Heygendorf
Burg Querfurt
Berka
Hachelbich
Esperstedt
Reinsdorf
Kalbsrieth
Schmon
Göllingen
Bad Frankenhausen
Heidel-B.
403
Seehausen
Sperrgeb.
Oldisleben
Heldrungen
Gehofen
Schönewerda
Bottendorf
Weißenschirmbach
Westerengel
Oberbösa
Günserode
Heldrungen
Donndorf
Roßleben
Holzengel
Bilzingsleben
Hohe Schrecke
Wiehe
Unstrut
Memleben
Wasserthaleben
Feldengel
Frömmstedt
Görsleben
Kindelbrück
Niedertopfstedt
Wohlmirstedt
Bucha

DAS GEBIET

Oberharz und Brockengebiet bilden die westliche und die höchste Region des Harzes. Vom Harznordrand bei Bad Harzburg und der Kaiserstadt Goslar erstreckt sie sich bis Bad Lauterberg und Herzberg im Südharz zu Füßen des Ackerkamms sowie westwärts bis Bad Grund und zur Fachwerkaltstadt von Osterode sowie zur Innerstetalsperre bei Seesen.

Der Unterharz liegt im Osten des höchsten norddeutschen Berglands zwischen dem Brockenmassiv und dem Austritt der Flüsse Bode und Selke aus dem Gebirge. Im Südosten schließt an den Unterharz der Naturpark Kyffhäuser an zwischen der fruchtbaren Goldenen Aue und dem thüringischen Solekurbad Bad Frankenhausen.

HOCHHARZ

Der Hochharz umfasst die fast gänzlich als „Nationalpark Harz" unter Schutz gestellte Region der höchsten Berge mit dem Brocken (1142 m) im Bundesland Sachsen-Anhalt sowie Wurmberg (971 m), Bruchberg (927 m), Achtermann (926 m) und Acker (865 m) im Bundesland Niedersachsen. Wegen seiner Westexposition ist dieses hoch gelegene Gebiet ein bedeutender Regenfänger, entsprechend stark ist die Vermoorung.

Zwei der markanten Berge – Brocken und Bruchberg – tragen ihren Namen nach diesen weitflächigen Bruchgebieten, und auch der meistbenutzte westliche Ausgangspunkt für Wanderungen im Hochharz ist nach dem Moorreichtum benannt: Das Wintersportzentrum Torfhaus, Ausgangspunkt des Goethewegs zum Brocken, ging aus einer Hütte für Torfstecher hervor. Viele Felsmassive (meist Granit) sind als Aussichtspunkte begehbar, einige dienen dem Klettersport.

Felskanzel mit Blick ins Okertal.

Blick von der Teufelsmauer auf das nördliche Harzvorland.

OBERHARZ
Charakteristisch für den Oberharz, den tief zertalten und dicht bewaldeten Westtrakt des Gebirges, sind die fast zahllosen waldumrahmten Seen zwischen relativ steilen, aussichtsreichen Bergen, von denen viele wegen der dichten Bewaldung Aussichtstürme tragen. Die meisten Oberharzer Seen wurden im Lauf von Jahrhunderten zur Energieversorgung für den Bergbau angelegt. Die vergleichsweise großen Talsperren des 20. Jh. dienen zumeist der Trinkwassergewinnung und dem Hochwasserschutz. Die bedeutendsten Wassersporttalsperren sind der Innerste- und der Okerstausee. Rückgrat der Energieversorgung für den Oberharzer Bergbau, dessen Spuren allgegenwärtig sind und in zahlreichen Museen dokumentiert werden,

Moore

Die jährlichen Niederschlagsmengen liegen im Harz zwischen 1000 und 1500 mm, im Hochharz werden 1500 bis 2000 mm erreicht. Der Harz ist nicht nur ein ausgedehntes Waldgebirge, sondern als bedeutendes Wasserüberschussgebiet auch eines der interessantesten Moorgebiete Deutschlands. Namen wie Brocken und Bruchberg leiten sich vom Moorreichtum ab (Bruch = moorig-sumpfiges Gebiet). Im Bereich des Nationalparks finden sich mehr als 60 Hochmoore, davon sind die meisten als Hang-, Kamm- und Sattelmoore ausgebildet. Als baumfreie Flächen öffnen sie sich inmitten der Wälder mit ihrer charakteristischen Vegetation aus Torfmoosen, Wollgräsern, Moosbeeren, Rauschbeeren und Rosmarinheide.

An den Kästeklippen.

war der Dammgraben, durch den das Wasser aus der niederschlagsreichen Hochharzregion am Bruchberg und bei Torfhaus den Bergwerken zugeführt wurde.

Dem Dammgraben und vielen weiteren Wasserkanälen folgen heute attraktive Wanderwege, an denen Informationstafeln die ausgeklügelten Wasserleitungsmechanismen des historischen Oberharzer Bergbaus erläutern.

Zu den schönsten zählen der Weg längs des Dammgrabens bei Altenau, die Wege am Oderteich, der 1715–1722 erbauten, ältesten Tal-

Nationalparks

Nationalparks sind großräumige Naturlandschaften mit einem derart hohen ästhetischen, ökologischen, Erholungs-, Bildungs- und Erlebniswert, dass sie unter Schutz gestellt wurden mit dem Ziel, dass sich die Natur in ihnen möglichst ohne menschliche Eingriffe entwickelt, damit das Naturerbe eines Staates wenigstens in diesem Freiraum erhalten bleibt.
Vom Schutzstatus her sind sie Naturschutzgebieten vergleichbar, aufgrund der weitaus größeren Fläche können sich in Nationalparks jedoch unterschiedliche Naturräume frei entfalten und in einem ungestörten natürlichen Prozess miteinander reagieren, sodass sich der Nationalpark Harz als ökologische Komplexlandschaften mit unterschiedlichsten Biotopen und Ökosystemen darstellt.

Kyffhäuser

Der „rabenumkreiste" Kyffhäuser mit der Ruine der Reichsburg Kyffhausen und dem 64 m hohen Kyffhäuserdenkmal erhebt sich im Norden Thüringens wie eine grüne Insel aus fruchtbaren Niederungen, die zu den ältesten deutschen Siedlungsgebieten zählen. Er ist Namensgeber des 1990 gegründeten Naturparks, der außer dem Kyffhäusergebirge auch die wegen ihrer botanischen Kostbarkeiten berühmte Karstlandschaft der Badraer Schweiz und das Lange Rieth in der Goldenen Aue sowie Teile der Buntsandsteinschichtstufe der Windleite und des Muschelkalkhöhenzugs der Hainleite umfasst. Charakteristisch für dieses nur 230 km^2 kleine, außerordentlich abwechslungsreiche Gebiet sind neben den Buchen- und Eichenwäldern – mehr als die Hälfte des Naturparks ist bewaldet – zum Teil tief eingeschnittene Bachtäler, Trockenrasen, Grünland, Streuobstwiesen und Ackerflächen. Vor allem die sonnenreiche Südabdachung des Kyffhäusergebirges mit ihren Gipskarstwäldern zeichnet sich durch eine vielfältige Naturausstattung aus. Hier befindet sich auch die im 19. Jh. entdeckte Barbarossahöhle, eine der größten Gipsschauhöhlen Europas.

sperre des Harzes sowie der Goetheweg längs des Abbegrabens zum Brockenfeld.

UNTERHARZ

Der im Windschatten des regenreichen Hochharzes liegende Unterharz ist eine sanft gewellte, klimatisch begünstigte Hochfläche, die vor allem am steil abbrechenden Nordrand mit einigen der schönsten Naturlandschaften des Gebirges aufwartet: In einem canyonartigen Schluchttal braust die Bode zwischen den 250 m hohen Felswänden der Rosstrappe und des Hexentanzplatzes zu Tal, wie eine Mauer folgt der drachenkammartige Sandsteinrücken der Teufelsmauer dem Harznordrand, der aussichtsreiche Felsklotz des Regensteins ist eine der bedeutendsten Felsenburgen Deutschlands, und das als Naturschutzgebiet ausgewiesene Selketal im Osten des Unterharzes bildet eines der lieblichsten Wandertäler des Harzes. Im Norden überragt die breit gewölbte, bewaldete Granitkuppe des Rambergs (587 m) die Hochfläche des Unterharzes, ihr gegenüber im Süden erhebt sich der steil geböschte Porphyrklotz des Auerbergs (580 m) mit dem als Aussichtsturm fungierenden größten Gipfelkreuz Deutschlands (38 m). Zwischen Ramberg und Auerberg weiten sich große landwirtschaftliche Rodungsflächen, die Bode wurde oberhalb ihres Schluchttals zum Rappbodestausee gestaut, dem größten Talsperrensystem des Harzes.

Zu den Sehenswürdigkeiten des Unterharzes zählen die Rübeländer Höhlen auf der Elbingeröder Hochfläche sowie die Fachwerkstädte am Gebirgsrand.

Blick vom Ilsestein zum Brocken.

SÜDHARZ

Die Gipskarstlandschaft des Südharzes ist eine für Mitteleuropa einmalige Naturlandschaft, die von artenreichen Laubwäldern, sanften Kuppen, blendend weißen Felsszenerien, Höhlensystemen, Erdfällen, Dolinen und Karstquellen, Gipsbuckellandschaften, unterirdischen Flussläufen, Trocken- und Auslaugungstälern geprägt wird. Von den über 200 Höhlen sind die Barbarossahöhle, die Heimkehle und die Einhornhöhle als Schauhöhlen öffentlich zugänglich. Unter den zahlreichen Quellen, in denen die unterirdischen Ströme jenseits des Karstgebirges wieder zu Tage treten, ist die Rhumequelle – die größte Flussquelle Europas – die bedeutendste.

Die Rhumequelle, der Salzaspring und die Förster Quellen haben eine jährliche Schüttung von mehr als 15 Mio. m^3, darüber hinaus gibt es rund 100 weitere Karstquellen.

Goldene Aue

Ähnlich aufgebaut und geformt wie die Pultscholle des Harzes bricht das im Kulpenberg (473 m) gipfelnde Kyffhäusergebirge nordwärts mit einer bis zu 300 m hohen Steilstufe zur Goldenen Aue ab, die ihn vom Harz trennt, während er im Süden vergleichsweise sanft in das Frankenhäuser Tal abdacht, das den Übergang zur Hainleite bildet. Das nur 19 km lange und bis zu 7 km breite Laubwaldgebirge trug im Mittelalter vier Burgen. Die ehemalige Kaiserpfalz Tilleda, die Rothenburg und vor allem die Ruinen der Reichsburg Kyffhausen sind viel besuchte Ausflugsziele.

SCHWIERIGKEITSGRADE

■ LEICHT
Leichte Wanderungen ohne größere Steigungen; auch für Familien mit kleinen Kindern geeignet, obwohl sie nicht durchgehend bequemen Promenaden folgen, sondern auch wurzeligen und felsigen Wegen. Sie können auch steil sein wie der Aufstieg zum Wurmberg.

■ MITTEL
Diese Wanderungen sind mit Anstiegen von über 500 Höhenmetern verbunden und erfordern etwas Kondition. Ansonsten können sie technisch einfach sein wie der Glashüttenweg zum Brocken, aber auch mit Stein- und Wurzelpassagen aufwarten wie der Eckerlochsteig.

■ SCHWER
Anspruchsvolle Ganztageswanderungen, die Kondition erfordern und mit Wegen und Pfaden jeglicher Art aufwarten wie die Wanderung über die drei höchsten Harzberge oder die Tour von Osterode über den Ackerkamm.

HINWEIS

Gehzeiten und Schwierigkeitsbewertungen können nur Richtwerte sein. Objektive Faktoren wie das Wetter und individuelle Voraussetzungen gilt es zu berücksichtigen!

EINKEHRMÖGLICHKEITEN

Das Einkehrsymbol bezieht sich auf Einkehrmöglichkeiten unterwegs. Da sich die Öffnungszeiten saisonal und regional sehr unterscheiden, sollten Sie sich vorab über Übernachtungs- und Einkehrmöglichkeiten informieren. Infos S. 230 ff.

MEINE LIEBLINGSTOUR

Der gut markierte und vom Ausgangspunkt bereits weitgehend einsehbare Goetheweg vom Höhenort Torfhaus ist seit dem 19. Jahrhundert der klassische und auch heute noch meistbenutzte Anstieg zum Brocken.

Die fast durchgehend gemütliche und recht aussichtsreiche Route ist Teilstück des Harzer Hexenstiegs von Osterode quer über den Harz nach Thale im Bodetal. Ausführliche Beschreibung siehe Tour 09.

Aufblick zum Brocken.

MEINE HIGHLIGHTS

1

2

3

1: Wasserfälle und schroffe Felsszenerien prägen das Ilsetal beim Luftkurort Ilsenburg, zur Einkehr lädt mitten im Nationalpark die Plessenburg ein.
→ Tour 15, Seite 70

2: Nach der faszinierenden Wanderung durch das wilde Bodetal bei Thale leitet ein romantischer Serpentinenpfad zum Hexentanzplatz, mit Ausblick zum Brocken.
→ Tour 22, Seite 96

3: Von der kleinsten Kirche im Harz geht es durch das romantische Elendstal nach Schierke und hinauf auf die auch von Goethe aufgesuchten Schnarcherklippen.
→ Tour 04, Seite 33

4: Ahrensberg und Kästeklippen zählen zu den besten Aussichtsstellen über dem Okertal.
→ Tour 49, Seite 185

5: Von der als Freilichtmuseum eingerichteten ottonischen Königspfalz Tilleda führt ein Panoramaweg hinauf zum 64 m hohen Kyffhäuserdenkmal.
→ Tour 29, Seite 120

4

5

Brockenausblick.

BROCKEN-RUNDWANDERUNG

Panoramarunde auf dem höchsten Harzgipfel

1,5 km 1:00 h 17 hm 17 hm

START | Brockenbahnhof (per Brockenbahn oder zu Fuß – siehe nachfolgende Routen – erreichbar). | Bahn: Brockenbahn Drei Annen Hohne – Schierke – Brocken.
[GPS: UTM Zone 32 x: 611.580 m y: 5.740.040 m]
CHARAKTER | Leichte Panoramawanderung.

Der Brocken-Rundwanderweg leitet als exzellenter Panoramaweg vom Brockenbahnhof durch die Hänge und auf den höchsten Gipfel im deutschen Norden. Fast zwei Millionen Menschen besuchen jährlich den Brocken, doch trotz Massentourismus ist die Faszination dieses Ausnahmebergs, der seinen Namen nach den Bruch- und Moorgebieten im Westhang trägt, auch aus der Wanderperspektive ungebrochen – sofern man früh auf den Beinen ist. Bis Ende des 19. Jh. erfolgte der Aufstieg zum Brocken vergleichsweise naturnah zu Fuß, zu Pferd oder auf Maultieren, ab 1885 fuhr bei Schneefreiheit täglich ein Pferdeomnibus auf den Brocken, 1898 wurde der Eisenbahnverkehr eröffnet: Bis zu zehnmal täglich fährt heute die Brockenbahn auf den höchsten Harzgipfel und schleudert ihre Qualmwolken in die Wälder des Nationalparks.

Eisenbahnnostalgiker beschreiben die Fahrt mit dieser Schmalspurbahn, die von 700 PS starken Dampfrössern gezogen wird, als unvergessliches Erlebnis. Die

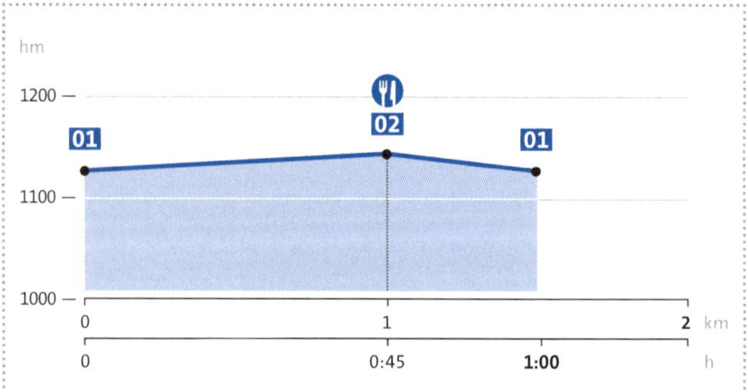

01 Brockenbahnhof, 1125 m; 02 Brocken, 1141 m

Auf dem Weg zum Brocken.

Brockenbahn, Bestandteil der Harzer Schmalspurbahnen (HSB), zweigt in Drei Annen Hohne (543 m) von der Harzquerbahn ab und fährt via Schierke (687 m) zum Brockenbahnhof (1125 m), dem höchstgelegenen Bahnhof aller deutschen Adhäsions-Schmalspurbahnen.

▶ Vom **Brockenbahnhof** 01 führt der Gipfelrundweg oberhalb der Gleise an der **Wetterwarte** vorbei zum **Brockengarten**, einem 1890

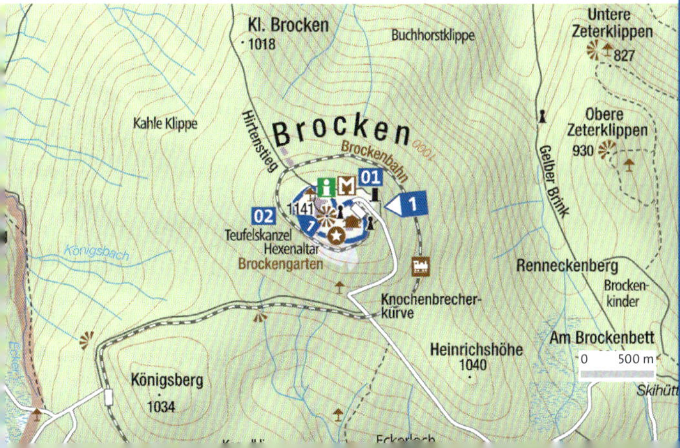

begründeten und 1990 neu angelegten alpenbotanischen Garten. Mit großartigem Ausblick Richtung Wurmberg und Achtermannshöhe erreicht der Rundweg die Felsen von **Teufelskanzel** und **Hexenaltar**. Sie zeigen wie viele andere Granitfelsen des Harzes eine typische Wollsackverwitterung.

Über die Wollsackverwitterung – die bekanntesten Felsen am Brockengipfel sind die Teufelskanzel und der Hexenaltar – entstehen große Gesteinsblöcke, die durch Umlagerung und weitere Verwitterungsprozesse die Ausbildung von Blockfeldern bedingen.

Aussichtsreich führt der Weg weiter im Hang, berührt vorübergehend die Baumgrenze und trifft unterhalb des Funkturms Brocken auf den von Ilseburg heraufführenden **Hirtenstieg** = Heinrich-Heine-Weg (siehe Tour 13). Der Heinrich-Heine-Weg führt rechts hinauf zum **Brockengipfel** 02 mit der **Brockenuhr**, die die Punkte im Blickfeld benennt. Daneben finden sich das **Brockenmuseum**, das Brockenhotel **Brockenherberge** und weitere Einkehrstätten sowie das 1736 als erstes Bauwerk auf dem Brocken errichtete **Wolkenhäuschen** mit einer Plakette, die an Goethes Winteraufstieg im Jahr 1777 erinnert (siehe Tour 9).

Von hier geht es auf der autofreien Zufahrt zurück zum nahen Ausgangspunkt, dem Brockenbahnhof.

Auf dem Brockenplateau.

BROCKEN ÜBER GLASHÜTTENWEG

Aussichtsreicher Aufstieg in schöner Natur

22 km | 6:00 h | 599 hm | 522 hm

START | Parkplatz Drei Annen Hohne (543 m) im gleichnamigen Ortsteil der Stadt Wernigerode an der Landstraße Wernigerode – Schierke, von der hier die Straße nach Elbingerode abzweigt. Bahn/Bus: Harzquerbahn Wernigerode – Nordhausen und Brockenbahn Drei Annen Hohne – Brocken. Bus Wernigerode – Schierke. [GPS: UTM Zone 32 x: 619.400 m y: 5.737.040 m]
CHARAKTER | Bequeme Aufstiegsroute, meist im Wald, aber immer wieder mit schönen Aussichtsstellen.

Der überwiegend durch Wald führende Glashüttenweg – ihm folgt auch der Hexenstieg – bildet einen landschaftlich hervorragenden Zustieg zum höchsten Berg des Harzes. Es besteht die Möglichkeit, mit der Brockenbahn zurück zum Ausgangspunkt zu fahren, während wir nach Schierke absteigen und von dort mit dem Bus zurückfahren (Buszeiten am Startpunkt notieren!).

▶ Ausgangspunkt ist der Parkplatz an der Einmündung der von Elbingerode nach **Drei Annen Hohne** 01 führenden „Brockenstraße" in die Landstraße von Wernigerode nach Schierke. In Drei Annen Hohne zweigt von der Harzquerbahn die Brockenbahn ab, daher

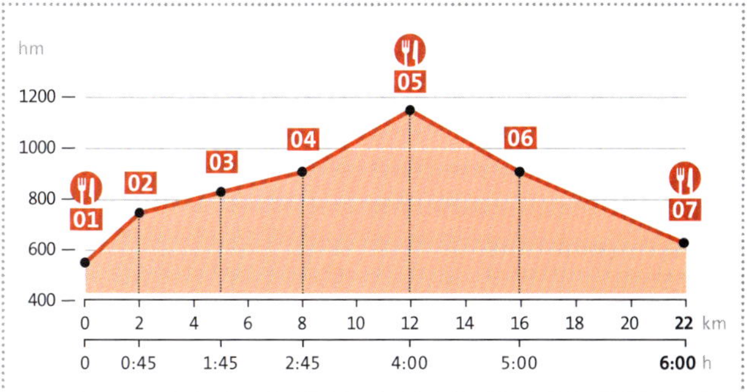

01 Drei Ahnen Hohne, 543 m; 02 Trudenstein, 740 m; 03 Ahrensklint, 822 m; 04 Brockenbett, 901 m; 05 Brocken, 1141 m; 06 Oberer Königsberger Weg, 900 m; 07 Schierke, 620 m

Bismarckklippe
Kl. Brocken
1018
Buchhorstklippe
Soldansweg
Untere Zeterklippen
827
Kahle Klippe
Hirtenstieg
Brocken
Brockenbahn
Obere Zeterklippen
930
Gelber Brink
Victor-von-Scheffel-Weg
Fm.-Sietz-Weg
1141
05
Teufelskanzel
Hexenaltar
Brockengarten
Königsbach
Renneckenberg
Brocken-kinder
2
Knochenbrecher-kurve
Am Brockenbett
901
Heinrichshöhe
1040
04
Skihütte
Königsberg
1034
Kesselklippe
Eckerloch
Glashüttenweg
Mönchsstein
Rabenklippe
Brockenbahn
Bahnparallelweg
Kanzelklippe
Alte Bobbahn
Schlungklippe
Sand-brink
Sandbrink-klippen
06
Oberer Königsberger Weg
Schluftkopf
Stangen-klippe
Bahnparallelweg
National-parkhaus
720
Sandbrinkstraße
Sandbeek
Kalte Bode
V2
Toter Weg
800
Böser Hund
Ulmerweg
Brocken-stein
Kurpark
Heimatst.
Gehren
Große Bode
NSG
Großer
906
Winterberg
Wurmbergstieg
Stieglitz-ecke
Wurmberg-Alm
Speichersee Wurmberg
971
Wurmberg
Kleiner
837
Spechtweg
Ulmer Weg
Heidentreppe
Bären-brücke
Wurmberg-Seilbahn
Kaffee-horst
Moos-brücke
Gr. Klippe
Große Klippe
Bratwurst
GSKRUG
Oberer Bodefall
NSG
Gr. Bodestr.
Mittelstation
Rodelhaus
Gr. Wurmbergstraße
242
Brockenweg-Schanze
Kleine Klippe
Unterer Bodefall
703
Jermerstein
Bremkefall
Gedenkstein Grenzöffnung
Alte Harzburger Straße
Deutsche Fachwerkstr.
Hüttenberg

Hist. Wasserkraftwerk
Bielstein
Großer Jägerkopf
725
Am Silbernen Mann
Holtemme
Steinerne Renne
Kohlstieg
Hippeln
Lossendenkmal
Zwölferklippen
Renneklippen
527
Öhren-klippen
Wenzelstein
Steinerne Renne
Renne-Fälle
Thumkuhlental
Elversti
Oberer Hohneweg
Brücknerstieg
Bergwacht
Drängetal
Bahnparallelweg
Harzquerbahn
Eschwege-
Ottofelsen
Hohenstein-klippen
656
Hagenstr.
Landsmannklippe
Kleine Holtemme
Treppenstieg
Hagendenkmal
Ellenbogen-Chaussee
Höllenklippe
Hasselkopf
571
Leistenklippe
Hohnepfahl
Pferdekopf
824
Hohneklippen
Drei Annen
800
Moorstieg
Bären-klippe
600
Natur-Erlebnis-Zentrum
Zillierbach
Erdbeerkopf
848
822
Trudenstein
02
01
2
Spinne
Drei Annen Hohne
Wormke
Hohnekopf
Kirchenstieg
Feuersteinklippe
Brockenbahn
Schierke
Regensteiner Köpfe
Allwetterrodelbahn Brocken-Coaster
Quesenbank
SCHIERKE
Ackerweg
Brockenbahn
Sellebach
Steinbach
Sachshäu
auseklippe
archer-en
Stern
NSG
Hagenstr.
528
Rastplatz St
Dammastbach
686
nberg
600
Steuerkopf
Ruine Elendsburg
Wormke
Alte
Heerstraße
ELEND
27
Mandelholz
Mandelholztalsperre
Kalte Bode
Alte Braunlager Str.
Boderandweg
27
0
550 m
Kammweg
520
Lindla
Alter Har

kann es vorkommen, dass gleich drei Züge im kleinen Bahnhof stehen. Vom Parkplatz geht es nach dem Queren der Bahngleise und der Landstraße geradeaus aufwärts auf dem namentlich ausgeschilderten Hexenstieg Richtung Brocken.

Er folgt der alleeartigen Eschwegestraße zu den Hohnewiesen, zweigt hier links ab in den Nationalpark, überquert den Wormkegraben, einen Wassersammelgraben, und erreicht den auf Leitern ersteigbaren **Trudenstein** 02 (Sitzbänke), mit weitem Blick auf Ost- und Südharz. Begleitet vom Plätschern der Wormke führt der Glashüttenweg im Wald zur Schutzhütte am Rastplatz Spinne, wechselt auf einen wurzeligen Weg im Nordhang des Erdbeerkopfs (während der Hexenstieg durch den Südhang führt) und erreicht als nächsten Aussichtsfelsen den auf Leitern ersteigbaren **Ahrensklint** 03, mit weitem Panorama vom Wurmberg bis zur Achtermannshöhe, zum Brocken und den Hohneklippen im Steinharz. Weiter geht es in blockreichem Fichtenwald zum Rastplatz am **Brockenbett** 04, wo im Quellgebiet der Ilse der Glashüttenweg auf die für den öffentlichen Verkehr gesperrte Brockenstraße mündet. Letztere weist im Hang der Heinrichshöhe die Route zum **Brocken** 05.

Am Trudenstein.

Glashüttenweg

Der Glashüttenweg ist benannt nach einer Glashütte, die im Jakobsbruch am Erdbeerkopf stand.

Zu den prominenten Wanderern auf dem Glashüttenweg zählten Caspar David Friedrich, der den eindrucksvollen Trudenstein zeichnete, und Goethe, der im Jahre 1783 vom Brocken über den Glashüttenweg nach Schierke abstieg.

Zum Abstieg nach Schierke kehren wir auf der Brockenstraße zurück zur Abzweigung des Neuen Goethewegs und folgen diesem aussichtsreich längs der Trasse der Brockenbahn rechts hinab. Kurz nachdem der Goetheweg die Bahntrasse verlassen hat, will er rechts zum Eckersprung abzweigen; hier biegen wir links auf den **Oberen Königsberger Weg** 06 ab und wandern in den Hangwäldern des Königsbergs über dem Tal der Kalten Bode (Wurmbergblick) hinab nach **Schierke** 07.

Zuletzt mündet unser Hangweg auf die Brockenstraße, und dieser folgen wir geradeaus zur Bushaltestelle in Schierke.

BROCKEN ÜBER ECKERLOCHSTIEG

Steiler Aufstieg zum höchsten Harzgipfel

14 km | 5:00 h | 529 hm | 529 hm

START | Schierke Rathaus, Bushaltestelle und Parkplätze an der Brockenstraße neben der Kurverwaltung und dem Nationalpark-Infozentrum im Ortsteil Schierke von Wernigerode. | Bahn/Bus: Bus Wernigerode – Elend – Schierke und Braunlage – Schierke. Brockenbahn Drei Annen Hohne – Schierke – Brocken.
[GPS: UTM Zone 32 x: 614.560 m y: 5.736.180 m]
CHARAKTER | Schöne Bergwanderung im Nationalpark, teilweise auf steilen Fels- und Wurzelweglein, die festes Schuhwerk erfordern.

Der recht steile Steig durch das Eckerloch im Südhang des Brockens ist ein beliebter Zustieg zum höchsten Gipfel des Harzes. Steine und Wurzeln erfordern festes Schuhwerk.

▶ Vom Rathaus in **Schierke** 01 führt die Brockenstraße mit schönen Wurmberg-Blicken in sachtem Anstieg aufwärts und tritt beim Großparkplatz am Ende des für den öffentlichen Verkehr zugelassenen Bereichs der Brockenstraße in den **Nationalpark** ein, wobei wir zunächst weiterhin auf der Brockenstraße bleiben (in Richtung „Eckerloch").

Zwischen den Bäumen fällt der Blick hinaus auf die Schluftwiesen im Tal der **Kalten Bode**. Das Wort „Schluft" bedeu-

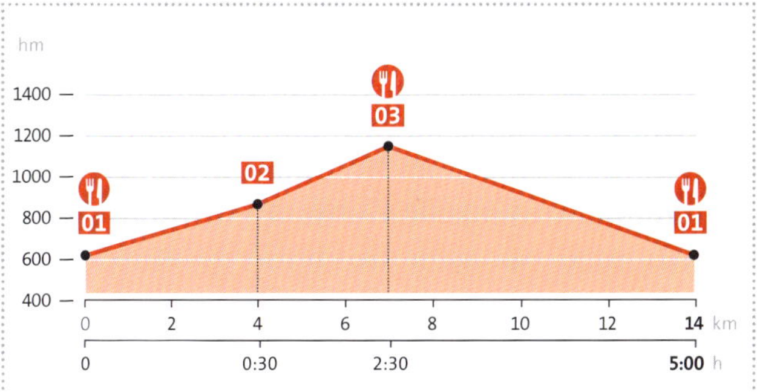

01 Schierke, 613 m; 02 Eckerloch, 860 m; 03 Brocken, 1141 m

Lorenz-
brücke
Kl. Brocken
1018
Buchhorstklippe
Kahle Klippe
Hirtenstieg
Brocken
Brockenbahn
1000
1141
03
Teufelskanzel
Hexenaltar
Brockengarten
Knochenbrecher-
kurve
Heinrichsh
1040
Königsberg
1034
02
Eckerloch
Kesselklippe
Rabenklippe
Bahnparall
Brockenbahn
Kanzelklippe
Oberer Königsberger Weg
Schluftkopf
Stangen-
klippe
Quitschenberg
882
Königsbach
Ecker
Brocken-
feld
Eckersprung
Dreieckiger
Pfahl
Bodebruch
Sand-
Sandbrink-
klippen
brink
Rotes
Odersprung
Sandbrinkstraße
Sandbeek
720
Bruch
Schwarzer
Sumpf
800
Böser
Hund
Ulmerweg
Brocken-
stein
Toter Weg
Gehren
NSG
Große Bode
Stieglitz-
ecke
Großer
906
Winte
Wurmberg-
Alm
Speichersee
Wurmberg
971
Wurmberg
Heidentreppe
925
Achter-
manns-
brunnen
Moorweg
Bruchweg
Bären-
brücke
Wurmberg-Seilbahn
Moos-
brücke
Gr.Klippe
Große Klippe
Bratwurst
KÖNIGSKRUG
Oberer
Bodefall
Gr. Bodestr.
NSG
Rodelhaus
Mittelstation
Gr. Wurmbergstraße
242
Ulrichswasser
Brockenweg-
Schanze
Kleine
Klippe
Alte Harzburger S
703
Jermerstein
Unterer
Bodefall
Warme Bode
Bremkefall

Großer Jägerkopf
725
Untere
eterklippen
827
Hohe
Wand
Molkenhaus-
stern
Chaussee B
Zwölferklippen
Renneklippen
527
Steinerne
Renne
Renne-Fälle
Obere
terklippen
Molkenhaus
Chaussee
Öhren-
klippen
Wenzelstein
600
Oberer Hohneweg
Eschwege-
Victor-von-Scheffel-Weg
Fm.-Sietz-Weg
Brücknerstieg
nberg
Brocken-
kinder
rockenbett
901
Höllenstieg
Landsmannklippe
Kleine Holtemme
Treppenstieg
Skihütte
Kapellen-
klippe
Höllenklippe
nchsstein
Glashüttenweg
Pferdekopf
824
Leistenklippe
Hohneklippen
800
Moorstieg
Alte
Bobbahn
Schlungs-
klippe
Bären-
klippe
Bahnparallelweg
National-
parkhaus
Ahrens-
klint
822
Erdbeerkopf
848
Trudenstein
Spinne
Bode
Pfarr-
stieg
Brockenbahn
Wormke
Hohnekopf
Kurpark
Feuersteinklippe
01
Schierke
Regensteiner
Köpfe
Heimatst.
Quesenbank
Allwetterrodelbahn
Brocken-Coaster
SCHIERKE
Brockenba
rmbergstieg
Ackerweg
Mauseklippe
Stern
Hagen
Schnarcher-
klippen
NSG
Spechtweg
Braunes Wasser
686
Barenberg
600
Ruine
Elendsburg
Schnarcherstraße
Scherstor-
klippen
Alte
ELEND
600
Alte Braunlager Str.
0
500 m
27
Fachwerkstr.

tet „Schlucht“ und verweist auf den Schluchtcharakter des vom Schwarzen Schluftwasser durchflossenen Eckerlochs. Das in einem Quellmoor am Südhang des Brockens entspringende Schluftwasser mündet hier in die Kalte Bode, kurz oberhalb der Mündung verlässt der Wanderweg die Brockenstraße und wechselt bei einem alten Wasserwerk rechts hinauf ins steile Tal des Schluftwassers. Recht steil führt der Weg in Fichtenforsten, die in naturnahe Wälder umgewandelt werden sollen, aufwärts, begleitet vom Plätschern des Bachs.

Nach Queren der Brockenstraße steigt der Waldweg noch etwas an, dann erreicht er nach Queren der Brockenbahntrasse den Rastplatz mit Schutzhütte im **Eckerloch** **02**.

Passagenweise auf Bohlenwegen führt der **Eckerlochstieg** weiter aufwärts und mündet schließlich bei der Knochenbrecherkurve auf die für den öffentlichen Verkehr gesperrte Brockenstraße: Sie führt am Brockenbahnhof vorbei zum **Brockengipfel** **03** (vgl. Tour 1).

Um nach Schierke zurückzukehren, folgen wir der Brockenstraße im Hang der Heinrichshöhe abwärts, kurz nach Passieren einer Toilette bei einer Borkenkäfer-Informationstafel wechseln wir rechts auf den Wanderweg Kabelgraben, treffen nach kurzem, steilem Abstieg wieder auf die Brockenstraße, folgen ihr kurz weiter abwärts und zweigen an der nächsten Kurve auf den mit dem Zeichen „grün-x“ markierten Wanderweg Alte Bobbahn ab. Er führt steil hinab und quert die Trasse der Brockenbahn, dann leitet der bequeme Neue Weg zurück nach **Schierke** **01**.

Rastplatz im Eckerloch.

ELEND – SCHNARCHERKLIPPEN

Forellenbach und schnarchende Felsen

8 km | 3:00 h | 166 hm | 166 hm

START | Elend Ortsmitte, Bushaltestelle und Parkplatz im Ortsteil Elend der Stadt Oberharz an der Braunlager Straße = Bundesstraße 27 Bad Lauterberg – Braunlage – Blankenburg. | Bahn/Bus: Harzquerbahn Wernigerode – Nordhausen. Bus Schierke – Wernigerode und Braunlage – Schierke.
[GPS: UTM Zone 32 x: 616.460 m y: 5.733.920 m]
CHARAKTER | Bequeme Talwanderung; lediglich der Aufstieg zu den Schnarcherklippen ist steil.

In der Ortsmitte des Luftkurorts **Elend** 01 steht bei uralten Eichen die kleinste Holzkirche des Harzes. Vom Kreisverkehr bei Parkplatz, Kirche und Bushaltestelle führt die Braunlager Straße kurz Richtung Braunlage, bis rechts das Elendstal und der Wanderweg „Rund um den Brocken“ ausgeschildert sind: Durch die Wiesen geht es dem Wald zu, dort kurz links und nach Unterqueren der Harzquerbahntrasse in das Naturschutzgebiet Elendstal. Gleich am Anfang ragt links der **Talwächter** auf, eine 41 m hohe und über 140 Jahre alte Fichte. Begleitet vom Rauschen der Kalten Bode, folgen wir dem mit Lehrtafeln versehenen Forstweg in sachtem Anstieg aufwärts, wechseln an der ersten Stegbrücke das Ufer und folgen dem **Boderandweg** aufwärts.

Dieses pfadartige, naturnahe Weglein führt teils in Ufernähe, teils oben im Hang durch die Wäl-

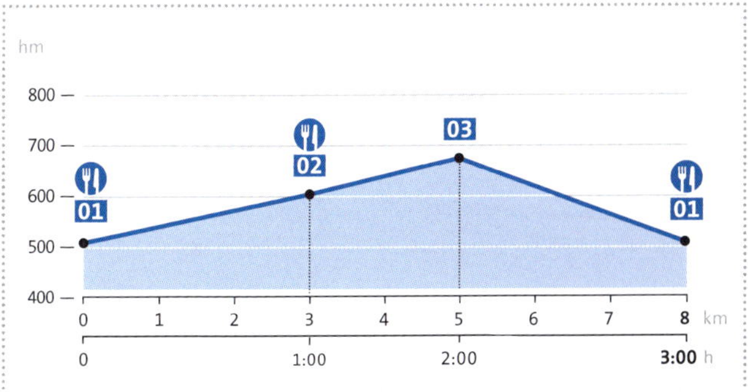

01 Elend, 505 m; 02 Schierke, 600 m; 03 Schnarcherklippen, 671 m

Das naturschöne Elendstal wird von der Kalten Bode durchflossen.

der, während unten der Fluss in Kaskaden über Blockwerk gischtet – ein sehr schöner Weg, felsige Steilhangpassagen sind geländergesichert, zwischendurch laden alte Bänke zur Rast. Je weiter wir wandern, desto höher werden die Kaskaden, dann mündet der Weg an der ersten Brücke wieder auf den Forstweg; direkt vor der Einmündung zweigt links hinauf ein Weg zu den Schnarcherklippen ab (gelbes Quadrat). Über dem Westufer folgt der Wanderweg „Rund um den Brocken" der Kalten Bode weiter aufwärts, und wenn das Naturschutzgebiet endet, sind die ersten Häuser des Luftkurorts **Schierke** 02 erreicht.

An der Bodebrücke verlassen wir den Wanderweg „Rund um den Brocken" und steigen links hinauf zum Hotel „Bodeblick" im Hang des Barenbergs: Bergseitig des Hotels „Bodeblick" zweigt der Wanderweg Richtung Schnarcherklippen ab.

Am Waldrand wechseln wir links auf einen Hangweg (gelbes Quadrat) und zweigen wenig später rechts auf einen ausgeschilderten Pfad ab, der recht steil in einem Wiederaufforstungsgelände zu den beiden wollsackverwitterten Felstürmen der **Schnarcherklippen** 03 führt. Die nördliche ist auf Leitern ersteigbar und gewährt ein beachtliches Hochharz-Panorama.

Von den Klippen kehren wir zurück zum Hangweg „gelbes Quadrat" und folgen diesem Weg dann rechts zurück zur Brücke im Elendstal.

Für die Rückkehr in den Luftkurort **Elend** 01 wählen wir den bequemen Forstweg mit den informativen Naturlehrpfadtafeln.

Skihütte
Kapellen-klippe
Glashüttenweg
Pferdekopf
824
Höllenklippe
Leistenklippe
Hohneklippen
Moorstieg
800
Alte Bobbahn
Schlungs-klippe
Bahnparallelweg
Bären-klippe
National-parkhaus
Ahrens-klint
822
Erdbeerkopf
848
Trudenstein
Spinne
Wormke
Hohnekopf
Pfarr-stieg
Brockenbahn
Feuersteinklippe
Schierke
Regensteiner Köpfe
Kurpark
Heimatst.
Quesenbank
Allwetterrodelbahn Brocken-Coaster
SCHIERKE
Brockenbahn
Mauseklippe
02
Stern
Ackerweg
Spechtweg
Schnarcher-klippen
NSG
Hagenstr.
Braunes Wasser
03
686
Barenberg
600
Ruine Elendsburg
Alte
Heerstr.
Scherstor-klippen
Schnarcherstraße
ELEND
01
4
Alte Braunlager Str.
Boderane
27
Amkenberg
592
520
Alter Tannerweg
Kukelbach
Wietfelder Weg
Wietfelder Straße
Rauher Jakob
569
Silberfuchsfarm
Kolliesberg
555
Harzquerbahn
0 500 m

BODEFÄLLE, ULMERWEG UND WURMBERG

Auf den höchsten Berg im Westharz

13 km | 4:00 h | 411 hm | 411 hm

START | Talstation der Wurmberg-Gondelbahn in Braunlage Am Amtsweg. Anfahrt B 4 Bad Harzburg – Braunlage bzw. B 27 Bad Lauterberg – Blankenburg. | Bus: Regionaler Busverkehr. [GPS: UTM Zone 32 x: 611.350 m y: 5.732.470 m]
CHARAKTER | Kondition erfordernde Bergwanderung auf überwiegend bequemen Waldwegen, teilweise steil, teilweise auf Fels- und Wurzelweglein. Der Abstieg ist als steil einzustufen.

Durch das Wasserfalltal der Warmen und der Großen Bode sowie über den aussichtsreichen Ulmerweg führt diese Wanderung auf den Wurmberg, den höchsten Berg im Westharz.

▶ Von der Seilbahntalstation in **Braunlage** 01 führt die „Kurpromenade" talaufwärts und erreicht die Warme Bode an einer Brücke. Hier wechseln wir rechts auf den „Brockenweg" (grünes Dreieck) und folgen dem Bergbach, der ursprünglich nach dem Wurmberg benannt war („Wurm- bzw. Wormbode"), aufwärts.

Wir verlassen an der nächsten Brücke den asphaltierten Brockenweg, überqueren die Warme Bode und wandern am rechten Ufer auf einem naturnahen Weg zum **Unteren Bodefall**, wo eine

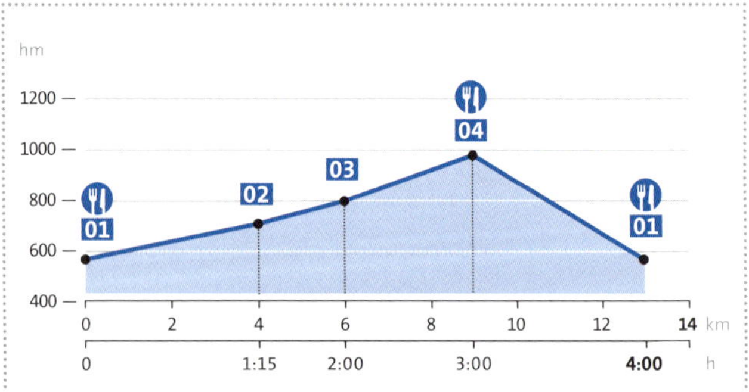

01 Braunlage, 560 m; 02 Bärenbrücke, 700 m; 03 Abzw. Ulmerweg, 790 m; 04 Wurmberg, 971 m

Rabenklippe
Brockenbahn
Bahnparallelweg
Kanzelklippe
Oberer Königsberger Weg
Schluftkopf
Stangen-klippe
Sand-brink
Sandbrink-klippen
Rotes Bruch
Sumpf
Böser Hund
Sandbrinkstraße
Sandbeek
Toter Weg
03
Ulmerweg
Brocken-stein
Gehren
NSG
Große Bode
Stieglitz-ecke
Großer Winterberg
906
Wurmberg-Alm
Speichersee Wurmberg
04
971
Wurmberg
Kleiner
837
Heidentreppe
Ulmer Weg
Bären-brücke
02
Bruchweg
Wurmberg-Seilbahn
Kaffee-horst
Moos-brücke
Gr. Klippe
Große Klippe
Bratwurst
KÖNIGSKRUG
Oberer Bodefall
Gr. Bodestr.
NSG
Rodelhaus
Mittelstation
Gr. Wurmbergstraße
242
Ulrichswasser
Alte Harzburger Straße
Brockenweg-Schanze
Warme Bode
Unterer Bodefall
Kleine Klippe
703
Jermerstein
Bremkefall
Gedenkstein Grenzöffnung
Brunnenbach
01
Hüttenberg
612
27
Kurgastzentrum
NSG
Heimat- u. Skimuseum
Kurpark
Swingolf
J.-G.-Von-Langen-Denkmal
F.-Ph.-Von-Langen-Denkmal
BRAUNLAGE
Kaiserweg
Kinderheim Waldmühle
242
Kutschfahrten
NSG
612
Hasselkopf
600
0
500 m
Brandhai

Sitzbank zur Rast lädt. Wenig später kündigt eine Tafel an, dass wir in den Nationalpark Harz eintreten, und gleich darauf erreichen wir an einer Brücke die Stelle, an der sich die Kleine Bode und die Große Bode zur Warmen Bode vereinigen. Hinter der Brücke liegt links der **Venedigerstein**, auf dem undeutlich Ritzzeichen zu erkennen sind, die Goldsuchern früher den Weg gewiesen haben sollen. Die nächste Rastmöglichkeit bieten Sitzbänke am **Oberen Bodewasserfall**.

An der nächsten Brücke, der **Bärenbrücke** 02, steht eine Schutzhütte. Hier wechseln wir wieder das Ufer und folgen einem Forstweg („Brockenstraße", grünes Dreieck) bachaufwärts. Schließlich verlässt die Brockenstraße die links in ihre Quellmoore hinaufschwingende Große Bode und erreicht die deutliche, aber versteckt ausgeschilderte Abzweigung des **Ulmerwegs** 03. Direkt hinter der in einem schmalen Waldstreifen gelegenen Abzweigung befindet sich vor dem Kolonnenweg ein schöner Rastplatz mit Brockenblick. Teils im Wald, teils mit weiter Aussicht führt der passagenweise wurzelige und steinige sowie teils vergraste und schmale Ulmerweg hinauf zum Rastplatz zwischen Winter- und Wurmberg.

Hier beginnt der Aufstieg auf den von Sprungschanze, Gondelbahnbergstation und Aussichtsturm überhöhten **Wurmberg** 04.

Ebenso steil wie dieser Schlussanstieg ist der gesamte Abstieg: Vom Gipfel wandern wir zurück in den Sattel und folgen dem Haeberliusweg (Rotpunkt) via Rodelhaus (Gaststätte an der Seilbahn-Mittelstation) zum Ausgangspunkt in **Braunlage** 01.

Blick zum Wurmberg.

BROCKEN ÜBER WURMBERG UND ACHTERMANN

Über die höchsten Berge des Harz

30 km 8:00 h 956 hm 956 hm

START | Bushaltestelle und Parkplatz Schierke Rathaus an der Brockenstraße (kurz oberhalb der weithin sichtbaren Kirche) neben der Kurverwaltung und dem Nationalpark-Informationszentrum. | Bahn/Bus: Bus Wernigerode – Elend – Schierke bzw. Braunlage – Schierke; Brockenbahn.
[GPS: UTM Zone 32 x: 614.560 m y: 5.736.180 m]
CHARAKTER | Kondition erfordernde Bergwanderung auf überwiegend bequemen Waldwegen, teilweise steil, teilweise auf Fels- und Wurzelwegen.

Von der Bushaltestelle in **Schierke** 01 gehen wir vor der Kurverwaltung hinab in den **Kurpark** und sehen rechts oben die Sprungschanze auf dem Wurmberg, dem ersten Bergziel. Unten im Park steigen wir halb links zur Kalten Bode hinab und folgen dem rauschenden Bergbach auf einem Waldweg abwärts. Am Sportplatz überqueren wir die Kalte Bode und die Sandbrinkstraße, gehen halb links hinauf Richtung „Schnarcherklippen" und nehmen oben an der Straße die erste links, wobei die Markierung „gelbes Dreieck" den Weg weist, am Ende rechts hinauf in den Wald schwingend. An der im Wald versteckten **Mauseklippe** vorbei geht es recht

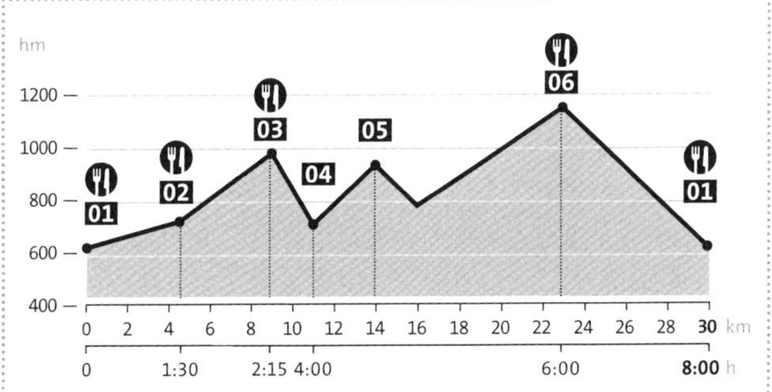

01 Schierke, 613 m; 02 Kaffeehorst, 712 m; 03 Wurmberg, 971 m; 04 Bärenbrücke, 700 m; 05 Achtermann, 926 m; 06 Brocken, 1141 m

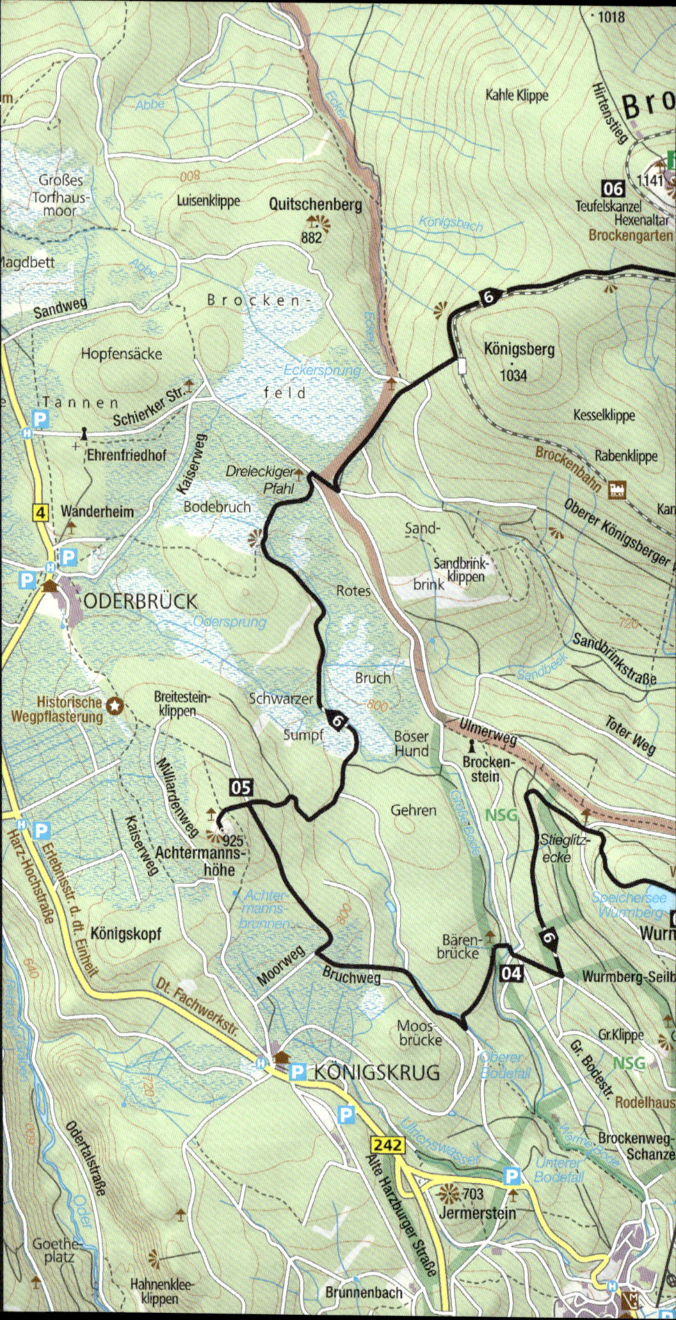
Brocken-
feld
Quitschenberg
882
Luisenklippe
Großes
Torfhaus-
moor
Sandweg
Hopfensäcke
Tannen
Schierker Str.
Ehrenfriedhof
Wanderheim
Kaiserweg
Bodebruch
Dreieckiger
Pfahl
Eckersprung
Königsberg
1034
Kesselklippe
Rabenklippe
Brockenbahn
Oberer Königsberger
Kahle Klippe
Hirtenstieg
1018
1141
06
Teufelskanzel
Hexenaltar
Brockengarten
Königsbach
Ecker
Abbe
ODERBRÜCK
Odersprung
Rotes
Bruch
Sand-
brink
Sandbrink-
klippen
Sandbrinkstraße
Sandbeek
Toter Weg
Historische
Wegpflasterung
Breitestein-
klippen
Schwarzer
Sumpf
Böser
Hund
Ulmerweg
Brocken-
stein
05
Milliardenweg
Gehren
NSG
Große Bode
Stieglitz-
ecke
Speichersee
Wurmberg
925
Achtermanns-
höhe
Achter-
manns-
brunnen
Kaiserweg
Königskopf
Harz-Hochstraße
Erlebnisstr. d. dt. Einheit
Moorweg
Bruchweg
Bären-
brücke
04
Wurmberg-Seilb
Moos-
brücke
Dt. Fachwerkstr.
KÖNIGSKRUG
Oberer
Bodefall
Gr.Klippe
Gr. Bodestr.
NSG
Rodelhaus
Brockenweg-
Schanze
Warme Bode
Unterer
Bodefall
Ulrichswasser
242
Alte Harzburger Straße
703
Jermerstein
Odertalstraße
Oder
Goethe-
platz
Hahnenklee-
klippen
Brunnenbach
4
6

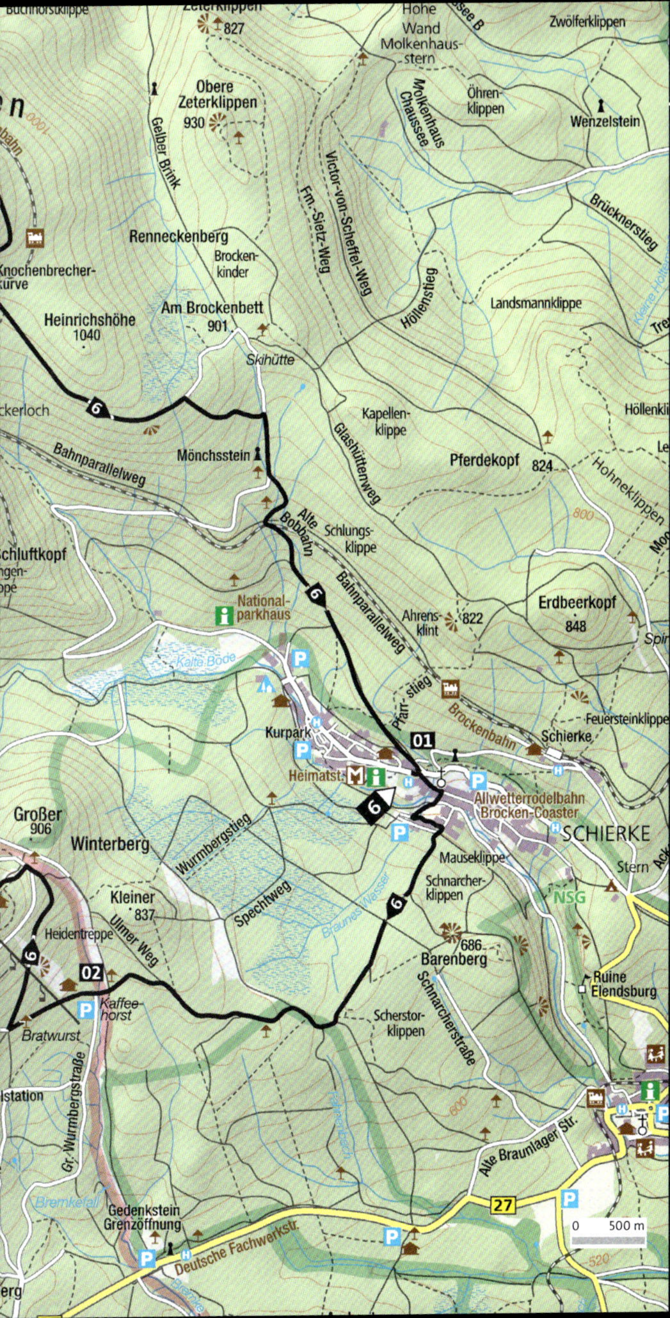
Zeterklippen
827
Hohe Wand
Molkenhaus-stern
Zwölferklippen
Obere Zeterklippen
930
Gelber Brink
Molkenhaus Chaussee
Öhren-klippen
Wenzelstein
Victor-von-Scheffel-Weg
Fm.-Sietz-Weg
Brücknerstieg
Renneckenberg
Brocken-kinder
Knochenbrecher-kurve
Höllenstieg
Landsmannklippe
Heinrichshöhe
1040
Am Brockenbett
901
Skihütte
Kapellen-klippe
Mönchsstein
Bahnparallelweg
Glashüttenweg
Pferdekopf
824
Hohneklippen
800
Alte Bobbahn
Schlungs-klippe
Schluftkopf
National-parkhaus
Bahnparallelweg
Ahrens-klint
822
Erdbeerkopf
848
Kalte Bode
Pfarr-stieg
Brockenbahn
Feuersteinklippe
Kurpark
01
Schierke
Heimatst.
Allwetterrodelbahn Brocken-Coaster
SCHIERKE
Großer
906
Winterberg
Wurmbergstieg
Mauseklippe
Schnarcher-klippen
Stern
NSG
Kleiner
837
Spechtweg
Bräunes Wasser
Heidentreppe
Ulmer Weg
686
Barenberg
02
Kaffee-horst
Schnarcherstraße
Ruine Elendsburg
Bratwurst
Scherstor-klippen
Gr. Wurmbergstraße
600
Alte Braunlager Str.
Bremkefall
Gedenkstein Grenzöffnung
27
Deutsche Fachwerkstr.
0 500 m
520

steil aufwärts. Oben beim Austritt aus dem Wald queren wir den breiten Gestellweg und wandern durch ein Wiederaufforstungsgebiet mit stellenweise gutem Wurmberg-Brocken-Panorama. Die **Scherstorklippen** bleiben links im Hochwald liegen, auf dem Kolonnenweg (Sitzbank an der Verzweigung) wenden wir uns rechts und gelangen zum **Kaffeehorst** **02** (Imbisskiosk, Parkplatz), wo wir uns für den folgenden Aufstieg erfrischen können.

Vom Kiosk geht es auf einem breiten Forstweg aufwärts und oben an der Wegkreuzung auf dem Haeberliusweg (Rotpunkt) rechts hinauf – in stetem Anstieg, jedoch in kühlendem Wald. Oben in der Einsattelung (Raststelle, Kolonnenweg) zwischen Großem Winterberg und Wurmberg beginnt der steile Schlussspurt auf den **Wurmberg** **03**.

Vom Gipfel führt der Sögdinsweg (Rotpunkt) ins Tal, bis bald nach der Linksserpentine rechts die Schutzhütte an der **Bärenbrücke** **04** im Tal der Großen Bode ausgeschildert ist. Die Rotpunkt-Markierung führt auf einem Forstweg weiter zur **Moosbrücke** im Tal der Kleinen Bode. Am Bach entlang geht es kurz aufwärts, bis die Rotpunkt-Markierung links abzweigt und – weiterhin auf bequemen Forstwegen – zum aussichtsreichen **Achtermann** **05** hinaufführt.

Ebenso steil führt dann die Rotpunkt-Markierung hinab in die einsame Moorsenke von **Schwarzem Sumpf** und **Rotem Bruch**, führt in Wäldern zum Bodebruch (Aussichtsturm) und hinauf zum **Dreieckigen Pfahl** (Rastplatz). Dort geht es kurz rechts und dann links via Bodesprung und Kolonnenweg auf den **Brocken** **06**.

Der Abstieg erfolgt wie bei Tour 3 via Brockenstraße und Neuer Weg zurück nach **Schierke** **01**.

Blick vom Achtermann zum Brocken.

ACHTERMANN AB ODERBRÜCK

Moore und Quellen rund um das Brockenfeld

13 km | 4:00 h | 126 hm | 126 hm

START | Bushaltestelle und Parkplatz „Oderbrück" an der Bundesstraße 4 Bad Harzburg – Braunlage. | Bahn/Bus: Regionaler Busverkehr (Bad Harzburg bzw. Sankt Andreasberg – Braunlage). [GPS: UTM Zone 32 x: 607.010 m y: 5.737.100 m]
CHARAKTER | Bequeme Nationalparkwanderung.

An den Quellgebieten von Oder, Abbe, Ecker und Bode vorbei führt diese Waldwanderung mit nur geringen Anstiegen rund um das Brockenfeld, eines der größten Hochmoore des Harzes, und auf die Hornfelskappe der Achtermannshöhe, die ein einzigartiges Hoch- und Oberharzpanorama gewährt.

▶ Vom Parkplatz in **Oderbrück** 01 folgen wir der B 4 kurz Richtung Bad Harzburg, überqueren die Oder und wandern neben dem torfbraunen, über Blockwerk spielenden Bach auf dem Kaiserweg aufwärts. An der ersten Biegung des dammartig durch die verwaldete Hochmoorlandschaft geführten Weges verabschiedet sich der Hauptquellast des Bächleins rechts in das **Oderbruch** – in diesem Hochmoor wird der Odersprung lokalisiert –, während der Kaiserweg einem weiteren Quellast, der im Brockenfeld entspringt, aufwärts folgt.

An einer Schutzhütte mit rundem Steintisch an einer Wegkreuzung verwandelt sich der Kaiserweg vorübergehend in einen felsig-

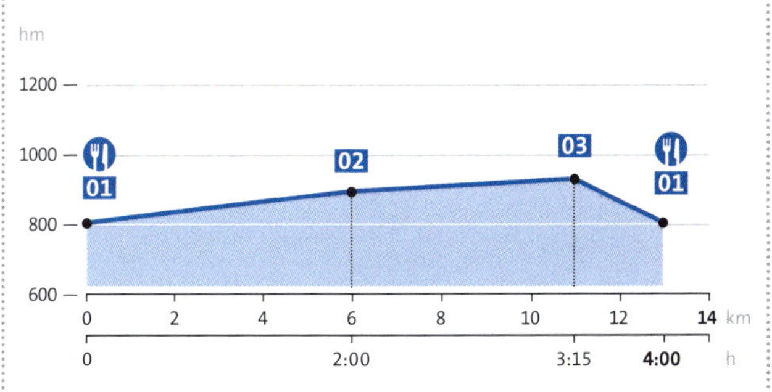

01 Gasthof Oderbrück, 800 m; 02 Eckersprung, 890 m;
03 Achtermann, 926 m

wurzeligen Waldweg, zweigt an der nächsten Kreuzung links Richtung Torfhaus ab, passiert die Granitklippen der **Hopfensäcke**, senkt sich steinig zu einem Rastplatz bei einer verschlossenen Hütte hinab und folgt einem Forstweg zum Goetheweg. Kurz vor der Mündung auf diesen sehen wir rechts aus dem weitflächig verfichteten **Brockenfeld** die Abbe herausfließen, den obersten Zufluss des Oberharzer Dammgrabensystems.

Dem Goetheweg folgen wir rechts hinauf am Rand des Brockenfelds entlang zur Schutzhütte am **Quitschenberg** und zum Rastplatz (WC) am **Eckersprung** 02, der Quelle der Ecker. Während sich der Goetheweg gleich darauf links zum Brocken wendet, folgen wir dem Kolonnenweg rechts hinab zum **Bodesprung** (siehe Tour 8) und zum **Dreieckigen Pfahl**, einer alten Grenzmarke, an der Bänke, Tische sowie eine Schutzhütte zur Rast laden. Vor der Schutzhütte biegen wir links ab in Richtung Braunlage, wenden uns sofort rechts Richtung Achtermann (Mark. Rotpunkt) und erreichen an der nächsten Verzweigung einen Aussichtsturm mit Einblick in das **Bodebruch**.

Wer abkürzen will, folgt dem Latten- und Wurzelweg am Rand des Moors Richtung „Oderbrück"; zum Achtermann folgen wir jedoch dem Rotpunkt-Weg weiter durch die verwaldeten Randgebiete von Rotem Bruch und Schwarzem Sumpf. Dann schwingt der Weg rechts hinauf (steil) auf die aussichtsreiche Kappe des **Achtermanns** 03. Am Fuß der Hornfelskappe laden Bänke und Schutzhütte zur Rast, hier entdecken wir auch die Mark. „grünes Dreieck", der wir im Wald hinab Richtung Oderbrück folgen. Bei den **Breitesteinklippen** stoßen wir auf den Kaiserweg: Er führt zurück zum Ausgangspunkt.

Blätter der Zwergbirke.

Nationalpark-Besucherzentrum TorfHaus
Großes Torfhaus-moor
Magdbett
Sandweg
Hopfensäcke
Luisenklippe
Quitschenberg
882
Brocken-feld
Eckersprung
Schwarze Tannen
Schierker Str.
Ehrenfriedhof
Kaiserweg
Dreieckiger Pfahl
Bodebruch
Wanderheim
ODERBRÜCK
Odersprung
Oder-holz
Oderteich
Historische Wegpflasterung
Breitestein-klippen
Schwarzer Sumpf
Rotes Bruch
Sand-brink
Sandbrink-klippen
Böser Hund
Brocken-stein
Ulmerweg
Gehren
NSG
Milliardenweg
Achtermanns-höhe
925
Achter-manns-brunnen
Harz-Hochstraße
Erlebnisstr. d. dt. Einheit
Königskopf
Moorweg
Bruchweg
Dt. Fachwerkstr.
Bären-brücke
Moos-brücke
KÖNIGSKRUG
Oberer Bodefall
Odertalstraße
Alte Harzburger
Rehberg
890
Jermerstein
703
242
Lorenz-brücke
Bismarckklippe
Kahle Klip
Königsb
1034
Abbe
Ecker
Königsbach
769
835
800
01
02
03
0 500 m

SCHIERKE – BODESPRUNG

Zur Quelle der Kalten Bode

13 km | 4:00 h | 280 hm | 280 hm

START | Busendhaltestelle „Café Winkler" in Oberschierke an der Brockenstraße 33. Anfahrt B 27 Bad Lauterberg – Braunlage – Blankenburg, in Elend abzweigen Richtung Wernigerode und wenig später Richtung Schierke. | Bahn/Bus: Bus Wernigerode – Schierke – Braunlage; Brockenbahn.
[GPS: UTM Zone 32 x: 614.120 m y: 5.736.400 m]
CHARAKTER | Bequeme Talwanderung.

Diese bequeme Talwanderung führt auf fast durchgehend radfähigen Wegen im Nationalpark Harz zur Quelle der Kalten Bode und im Hang des Königsbergs zurück. Bei klarer Sicht ist es empfehlenswert, die Wanderung zum Brocken zu verlängern.

▶ Von **Oberschierke** **01** führt die Brockenstraße mit Wurmberg-Blick in sachtem Anstieg kurz aufwärts, im Endbereich des für den öffentlichen Verkehr zugelassenen Abschnitts der Brockenstraße (hier Jugendherberge, Parkplatz, Nationalparkgrenze) geht es links

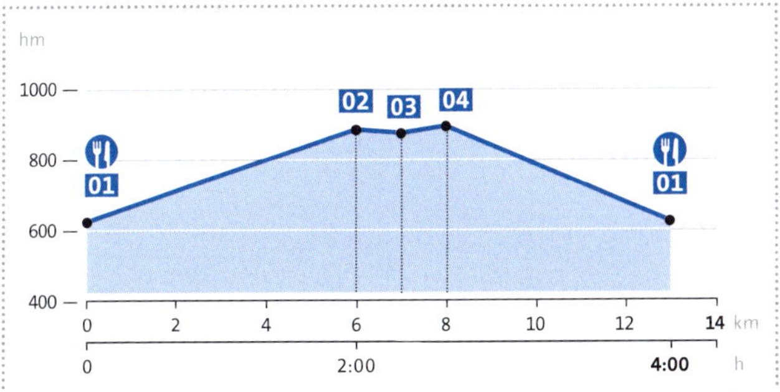

01 Schierke, 620 m; 02 Dreieckiger Pfahl, 880 m; 03 Bodesprung, 870 m; 04 Oberer Königsberger Weg, 890 m

über die Kalte Bode auf die Sandbrinkstraße.

Dieser mit „blauem Dreieck“ markierte Forstweg (Richtungsangabe „Dreieckiger Pfahl“) folgt dem Fluss im weiten Tal zwischen dem Großen Winterberg (l.) und dem Königsberg aufwärts, zunächst am Rand der schon im Nationalpark gelegenen **Schluftwiesen** (Schluft = Schlucht), dann im Wald.

Wo die Kalte Bode unterhalb der **Sandbrinkklippen** eine stärkere

Die Bode

Die Bode, ein linker Nebenfluss der Saale, entspringt in mehreren Quellästen in den Mooren des Brockenmassivs. Der Name ist seit dem 8. Jahrhundert als Ipada, Bada und Boda belegt. Die Unterscheidung zwischen Kalter und Warmer Bode findet sich erst seit Mitte des 15. Jahrhunderts.

Während die Kalte Bode aus dem Brockenfeld-Moor herausfließt, entspringt die Warme Bode im Wurmberggebiet. Ihr ursprünglicher Name lautete vermutlich Worm- oder Wurmbode. Als der Name in „Warme Bode" geändert wurde, bildete sich als missverstandener Gegensatz dazu der Name „Kalte Bode". Nach 16 km langem Lauf vereinigt sich die Kalte Bode unterhalb der alten Königsburg in Königshütte mit der Warmen Bode zur (Wilden) Bode.

Der Quellbach der Kalten Bode, der „Bodesprung".

Gefällestufe überwindet, holt der Weg zu einer Serpentine aus und mündet dann unweit des Dreieckigen Pfahls auf den Kolonnenweg. Am **Dreieckigen Pfahl** **02**, einer alten Grenzmarke, laden Tische, Bänke sowie eine Schutzhütte zur Rast.

Dem Kolonnenweg folgen wir dann hinab zum **Bodesprung** **03** (870 m). Die Kalte Bode entspringt am Rand des **Brockenfelds** an einer uralten Herrschaftsgrenze. Über das Quelltal der Kalten Bode hinweg fällt der Blick hinauf zum Wurmberg und links auf die Flanke des Königsberg, durch die der Rückweg führt.

Vom Bodesprung geht es auf dem Kolonnenweg zunächst aussichtsreich, dann im Wald aufwärts Richtung Brocken. Kurz bevor von links der Goetheweg einmündet, zweigt rechts der **Obere Königsberger Weg** **04** Richtung „Schierke" ab. Ihm folgen wir im bewaldeten Hang zurück nach Schierke.

BROCKEN ÜBER GOETHEWEG

Bequemer Brockenaufstieg ab Torfhaus

9 km 3:00 h 375 hm 33 hm

START | Ausgangspunkt: Bushaltestelle und Großparkplatz in Torfhaus, Ortsteil der Bergstadt Altenau. Anfahrt B 4 Bad Harzburg – Braunlage. | Bus: Regionaler Busverkehr (Bad Harzburg bzw. Sankt Andreasberg – Braunlage).
[GPS: UTM Zone 32 x: 605.990 m y: 5.739.960 m]
CHARAKTER | Bequeme Wanderung mit Aussichtsstellen, teils unangenehmer Kolonnenweg.

Die Brockenaufstiegsroute, die der 28-jährige Goethe am 10. Dezember 1777 bei Schneelage zusammen mit dem Torfhausförster nahm, ist von Westen aus der meistbenutzte Weg zum höchsten Harzgipfel. Es handelt sich um eine fast durchgehend bequeme Wald- und Aussichtsroute, der auch der Hexenstieg folgt. Die nassen Stellen im Goethemoor sind mit Planken ausgelegt.

Am **Nationalparkdenkmal** am Großparkplatz in **Torfhaus** 01 (Informationsstelle Nationalparkhaus Altenau-Torfhaus) fällt der Blick über Skiwiesen und das junge Radautal sowie über den tiefen Einschnitt des Eckertals hinweg zum Brocken, fast die gesamte Aufstiegsroute ist in Sicht. Vom Nationalparkdenkmal geht es über den Parkplatz zu den Bushaltestellen und dort

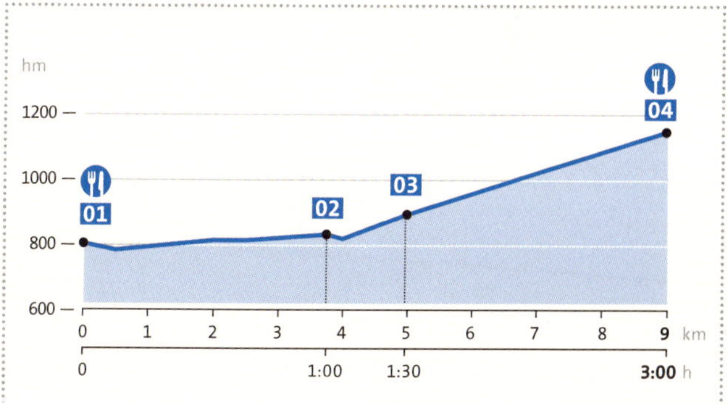

01 Torfhaus, 800 m; 02 Quitschenberg, 882 m; 03 Eckersprung, 890 m; 04 Brocken, 1141 m

links hinab mit der Beschilderung „Brocken“ längs der Bundesstraße an mehreren Einkehrmöglichkeiten vorbei, bis der Goetheweg beim letzten Haus links in den Wald abzweigt und dann dem **Abbegraben**, einem 1827 angelegten Moorentwässerungsgraben, bergwärts folgt. Links zeigt sich bald die weite Fläche des **Großen Torfhausmoors**, das als Quellmoor der Radau auch als **Radaubornmoor** bezeichnet wird. Kurz vor der **Luisenklippe** mündet der Goetheweg auf den Kaiserweg, folgt ihm kurz rechts und zweigt dann links hinauf zum Quitschenberg ab (während Goethe die im Winter optimale Route über das gefrorene Brockenfeldmoor nahm).

Am **Quitschenberg** **02** erläutern Tafeln in einer Informationshütte die Ursachen von Borkenkäferbefall. Nach einer kurzen Waldpassage erreicht der Goetheweg den aussichtsreichen Rastplatz am **Eckersprung** **03**, der Quelle der Ecker, und mündet wenig später auf den mit Betonwaben ausgelegten Kolonnenweg, der links zur Trasse der Brockenbahn hinaufführt und der Bahnlinie aufwärts folgt.

Dieser Neue Goetheweg (der alte führt über den Königsberg) ist hier passagenweise mit Bohlen ausgelegt, ein Aussichtsturmgerüst bietet Einblick in das **Goethemoor**. Oben mündet der Weg auf die Brockenstraße, auf der es hinauf zum **Brockengipfel** **04** geht.

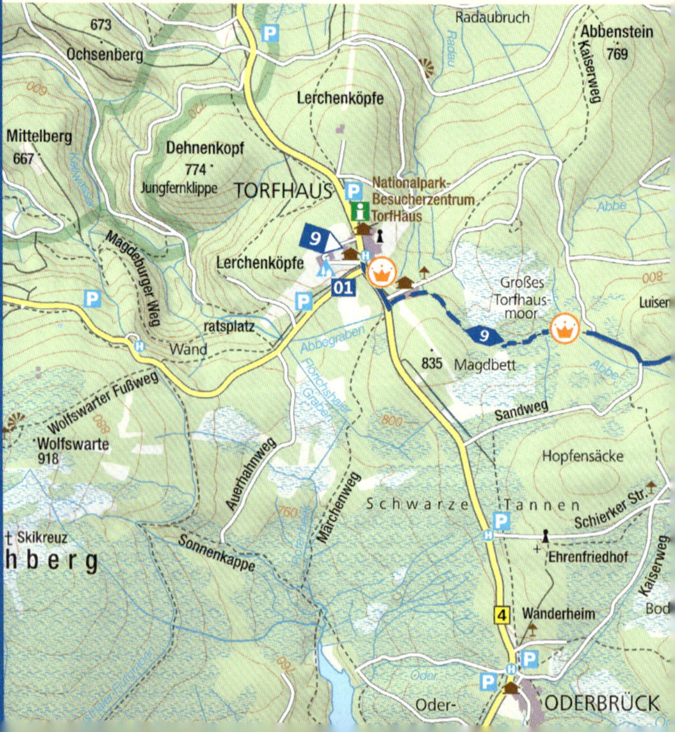

Denkmal vor dem Wolkenhäuschen zur Erinnerung an Goethes Winterwanderung auf den Brocken.

10

GROSSES TORFHAUSMOOR

Rund um das mächtigste Harzer Hochmoor

6 km | 2:00 h | 84 hm | 84 hm

START | Bushaltestelle und Parkplatz in Torfhaus an der B 4 Bad Harzburg – Braunlage. | Bus: Regionaler Busverkehr (Bad Harzburg – Braunlage bzw. Sankt Andreasberg – Braunlage). [GPS: UTM Zone 32 x: 605.990 m y: 5.739.960 m]
CHARAKTER | Bequeme Waldwanderung mit Aussichtsstellen.

Vom Nationalparkzentrum Torfhaus führt diese vor allem an Mittsommer zur Zeit der Wollgrasblüte reizvolle Wanderung rund um das Torfhausmoor, das mit einer Torfmächtigkeit von über fünf Metern zu den bedeutendsten Mooren des Harzes zählt.

▶ Vor dem Nationalparkzentrum **Torfhaus** 01 veranschaulichen drei Moorstelen anschaulich das Wachstum von Mooren. Vom Parkplatz geht es längs der Bundesstraße kurz Richtung Braunlage und hinter dem ersten Waldstück links an wenigen Häusern vorbei durch das Quellgebiet der Radau an den Rand des **Großen Torfhausmoors**.

Die Radau, die weiter unten den künstlich angelegten Radauwasserfall bildet, entspringt mit einem ihrer Quelläste im Großen Torfhausmoor, das deshalb auch Radaubornmoor genannt wird.

Vom nordwestlichen Randbereich des Moors führt der Weg durch einen Moorfichtenwald in der „Kampfzone" zwischen

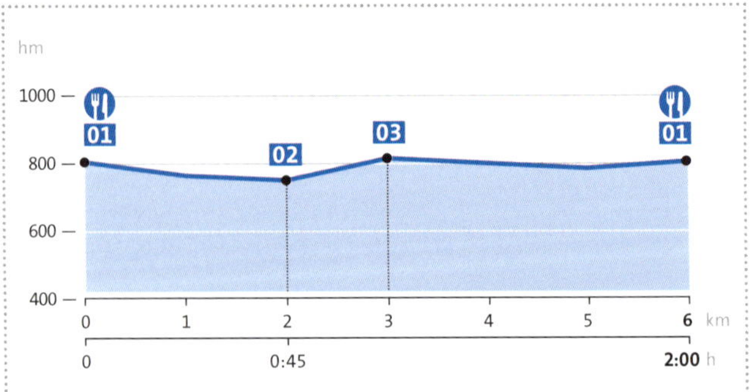

01 Torfhaus, 800 m; 02 Verzw. Schubenstein, 746 m;
03 Abzw. Goetheweg, 810 m

Moor und Wald am Felsen **Schubenstein** 02 vorbei. Wenn er auf den Kaiserweg trifft (Markierung Blaupunkt), folgen wir diesem rechts und überqueren bald darauf auf einer Brücke die Abbe, den zweiten aus dem Großen Torfhausmoor herausfließenden Bach; weitere Quelläste der Abbe entspringen im Brockenfeld und im Magdbettmoor, zusätzliches Wasser wird ihr aus dem Entwässerungsgraben des Abbegrabens zugeführt.

Von der Brücke aus bietet sich ein guter Blick in die verwaldete Randzone des Großen Torfhausmoors: Neben Fichten, die auf dem sauren moorigen Untergrund extrem langsam wachsen, kommen als einzige Laubbäume Karpatenbirken vor. Charakteristisch für den Boden dieser Moorfichtenwälder sind auch Beerensträucher, Pfeifengras, Torfmoose und Wollgräser. An der nächsten Wanderwegverzweigung verlassen wir den Kaiserweg und folgen dem **Goetheweg** 03 längs des Abbegrabens rechts hinab. Als Moorentwässerungsgraben entzieht der 1827 angelegte Abbegraben den umliegenden Mooren Wasser und trägt zu ihrer Zerstörung bei, doch als Teil des Oberharzer Wassersystems steht er unter Kulturschutz.

Weiter unten am Goetheweg bietet sich an einem Gatter, das die Hochmoorfläche vor dem Betreten schützt, ein eindrucksvoller Blick über die weite, baumfreie Fläche des Großen Torfhausmoores. Gleich darauf treffen wir auf die Bundesstraße und folgen ihr rechts hinauf zurück zum Ausgangspunkt.

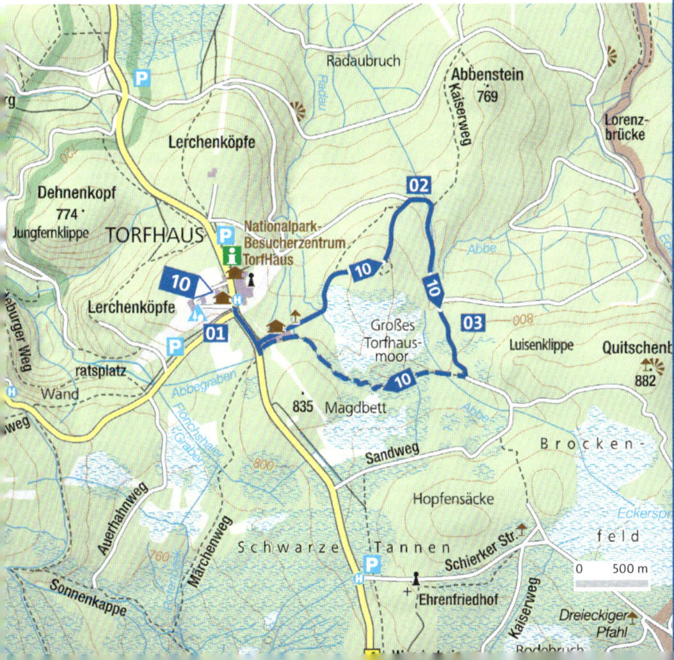

Der weiße Haarschopf des Wollgrases, einer charakteristischen Pflanze der Hochmoore.

Wintersportzentrum Torfhaus

Das Wintersportzentrum Torfhaus in unmittelbarer Nähe des Großen Torfhausmoors ist einer der bekanntesten Ausgangspunkte für Wanderungen auf den Brocken. In den heute unter Schutz stehenden Hochmooren wurde im 16. Jh. mit dem Stechen von Torf begonnen, dieser wurde in „Torfhäusern" getrocknet. In den Mooren der Umgebung von Torfhaus begann der Abbau im Jahr 1713, im selben Jahr wurde das erste „Torfhaus" errichtet: Der Torfschreiber, der hier wohnte, protokollierte den Abbau und verkaufte auch Lebensmittel, Bier und Branntwein. Bekannt wurde Torfhaus als Ausgangspunkt von Goethes winterlicher Brockenbesteigung am 10. Dezember 1777.

BAD HARZBURG – KÖNIGSKRUG

Die Auftaktetappe des Kaiserwegs

22 km | 6:00 h | 635 hm | 195 hm

START | Bushaltestelle und Parkplatz an der Talstation der Burgberg-Seilbahn am Kurpark in Bad Harzburg. Anfahrt B 4. | Bahn/Bus: Regionaler Busverkehr sowie Bahnverkehr ab Goslar, Braunschweig usw. Der Bahnhof liegt 2 km vom Ausgangspunkt entfernt (die Busse halten vor dem Bahnhof).
[GPS: UTM Zone 32 x: 607.780 m y: 5.748.540 m]
CHARAKTER | Längere Waldwanderung (abkürzbar) mit gelegentlich steilen Anstiegen.

Der Kaiserweg präsentiert sich auf dieser Etappe teils als bequemer Forstweg, teils als Fels- und Wurzelweg. Im Gasthof Königskrug kann man übernachten, man kann vom Königskrug jedoch auch mit dem Bus zurück nach Bad Harzburg (bzw. weiter nach Braunlage) fahren.

▶ Von **Bad Harzburg** 01 erfolgt der Aufstieg auf dem mit „Blaupunkt im Dreieck" markierten Kaiserweg zu den aussichtsreichen Ruinen der **Harzburg** 02, aus der Heinrich IV. im Jahr 1073 vor den aufständischen Sachsen nach Nordhausen floh, und weiter zur Wegverzweigung **Säper-**

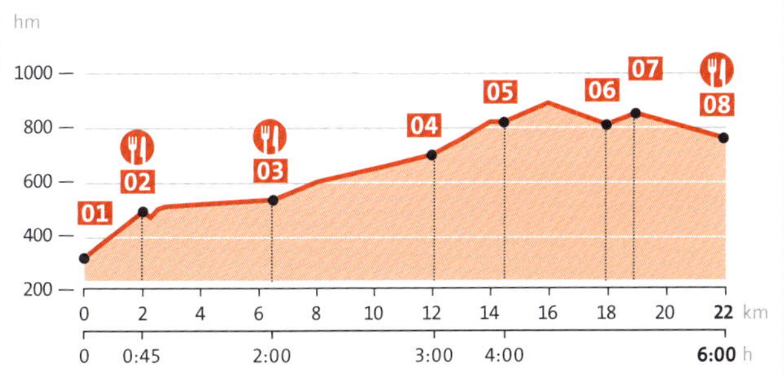

01 Talstation Burgberg-Seilbahn, 310 m; 02 Großer Burgberg, 483 m; 03 Molkenhaus, 525 m; 04 Verzw. Abbenstein, 690 m; 05 Abzw. Goetheweg, 810 m; 06 Oderbrück, 800 m; 07 Verzw. Breitesteinklippen, 842 m; 08 Königskrug, 750 m

BAD HARZBURG
Bruch
300
Butterberg
Ottenhai
Wolfstein
Museum in der Remise
Golfclub Harz
Eschenborn
Uhlenklippe
Eichenberg
486
Kreuz des Deutschen Ostens
11
01
Märchenwald
Kästestraße
Papenberg
409
Burgberg
Ruine Kaiserburg
483
Sachsenberg
546
Freizeitpark
Soletherme
02
Hochseilpark
Förstertränke
Säperstelle
Kaltetalskopf
600
Forsthaus Radauberg
Märchenwald
500
Ettersberg
Heinrichsquelle
537
Tiefe Kohlstelle
Echoplatz
Ulmenplatz
03
Molkenhaus
Kaiserweg
Köhlerloch
Rudolfklippe
585
Winterberg
Wildtierbeobachtungsstation
Hasselteich
Radauwasserfall
4
Pferdediebsklippe
Großer Giersbach
Gierstal
Zillierwald
Spinne
Frankenbergstein
Dielenweg
Luisenbank
Kohlebornstr.
Abtklippe
Grottenklippe
Eckerstaumauer
Fohlenkopf
622
Luchsweg
Kaiserweg
Eckerstausee
Scharfenstein
698
Kolför
Sellenberg
647
Fuhler Lohnbach
Abbentränke
Skidenkmal
Große Peseke
Radaubruch
04
Abbenstein
Bismarckklippe

Skidenkmal
Radaubruch
04
Abbenstein
769
Kaiserweg
Bismarckklippe
Lorenz-
brücke
Nationalpark-
Besucherzentrum
TorfHaus
Abbe
Kahle Klippe
Großes
Torfhaus-
moor
11
Luisenklippe
Quitschenberg
882
Königsbach
835
Magdbett
05
Sandweg
Brocken-
Königsberg
1034
Hopfensäcke
Eckersprung
feld
Schwarze Tannen
Schierker Str.
Ehrenfriedhof
Kaiserweg
Dreieckiger
Pfahl
4
Wanderheim
Bodebruch
Sand-
brink
Sandbrink-
klippen
Oder-
holz
06
ODERBRÜCK
Odersprung
Rotes
Bruch
Historische
Wegpflasterung
Breitestein-
klippen
Schwarzer
Sumpf
Ulmerweg
Brocken-
stein
Böser
Hund
07
V11
Milliardenweg
Gehren
NSG
Kaiserweg
925
Achtermanns-
höhe
Achter-
manns-
brunnen
Harz-Hochstraße
Erlebnisstr. d. dt. Einheit
Königskopf
Bären-
brücke
Moorweg
Bruchweg
Dt. Fachwerkstr.
08
11
Moos-
brücke
0
500 m
KÖNIGSKRUG

Harzburg, Großer Burgberg.

stelle. Dort führt der Kaiserweg halb rechts weiter durch die Wälder zum **Reuscheteich** und folgt dann der für den öffentlichen Verkehr gesperrten Zufahrt zur Waldgaststätte **Molkenhaus** 03. An der Nationalpark-Gaststätte leitet der Kaiserweg über die Spielplatzwiese hinauf zur aussichtsreichen **Muxklippe** über dem tief eingeschnittenen Eckertal. Weiter geht es bequem im Wald. An der Wegverzweigung am Hasselkopf lädt eine Schutzhütte zum Verschnaufen ein, dann gibt der Kamm zwischen dem Radautal und einem Seitental der Ecker in sachtem Auf und Ab die Route über den Sellenberg vor, ehe am **Abbenstein** 04 ein stärkerer Anstieg wartet.

Der nächste Rastplatz befindet sich an der Wegkreuzung am **Schubenstein**. Bald darauf überquert der Kaiserweg die Abbe (Blick zwischen den Bäumen auf das Große Torfhausmoor), dann vereinigt er sich vorübergehend mit dem vom Nationalpark-Informationszentrum Torfhaus herauf-führenden **Goetheweg** 05.

An der nächsten Verzweigung führt der Kaiserweg geradeaus über die aus dem Brockenfeld herausplätschernde Abbe und bei einer verschlossenen Hütte geradeaus auf einen steinigen Weg wechselt, der an den Felsklippen der Hopfensäcke vorbeiführt. An der nächsten Verzweigung geht es rechts ab auf einen schönen Wurzelweg, dann erreicht der Kaiserweg eine Schutzhütte an den stark frequentierten Brockenaufstiegsrouten ab Ehrenfriedhof und Oderbrück. Unser Weg führt geradeaus, an der Bundesstraße geht es kurz links, bei der Bushaltestelle **Oderbrück** 06 zweigt der Kaiserweg halb links ab und leitet – anfangs durch eine Schneise – hinauf zur Wegverzweigung bei den **Breitesteinklippen** 07.

Dort sollte man nicht zögern, bei klarer Sicht den Aufstieg zur aussichtsreichen **Achtermannshöhe** zu nehmen (steiler Abstieg zum Königskrug), während der Kaiserweg bequem durch den Westhang der Achtermannshöhe zum **Gasthof Königskrug** 08 führt. Beim heutigen Gasthof befand sich im 16. Jh. das nicht mehr vorhandene Neue Schloss; es diente mutmaßlich als königliches Jagdschloss und/oder Wachtposten am Heidenstieg, wie der Kaiserweg bis zur Jahrhundertwende hieß.

BROCKEN AB BAD HARZBURG

Aussichtsreicher, sportlicher Aufstieg

13 km | 4:00 h | 877 hm | 45 hm

START | Bushaltestelle und Parkplatz an der Talstation der Burgberg-Seilbahn in Bad Harzburg. Anfahrt B 4 Nordhausen – Bad Harzburg (– Braunschweig). | Bahn/Bus: Regionaler Busverkehr sowie Bahnverkehr ab Goslar, Braunschweig usw. Siehe Tour 11. [GPS: UTM Zone 32 x: 607.550 m y: 5.748.288 m]
CHARAKTER | Erst angenehme Wald-, dann aussichtsreiche Panoramawanderung, steil und schattenlos der Kolonnenweg.

Diese Top-Aussichtstour via Eckerstausee zum Brocken wartet zwischen Scharfenstein und Brocken mit der für Wanderer ebenso wie auch für Mountainbiker brutalsten Wegstrecke im Harz auf: dem berüchtigten Kolonnenweg.

▶ Zwischen der Talstation der **Burgberg-Seilbahn** 01 und dem Haus der Natur (mit Nationalpark-Informationsstelle) am **Kurpark** in Bad Harzburg überqueren wir die Bundesstraße auf der Fußgängerbrücke und folgen – an der Verzweigung am Ende der Brücke rechts – einem Weglein im schönen Kaltental aufwärts (hinter dem Märchenwald rechts abdrehen, nicht auf dem Teerweg bleiben!).

Sobald die Sennhütte ausgeschildert ist, folgen wir dem Weg

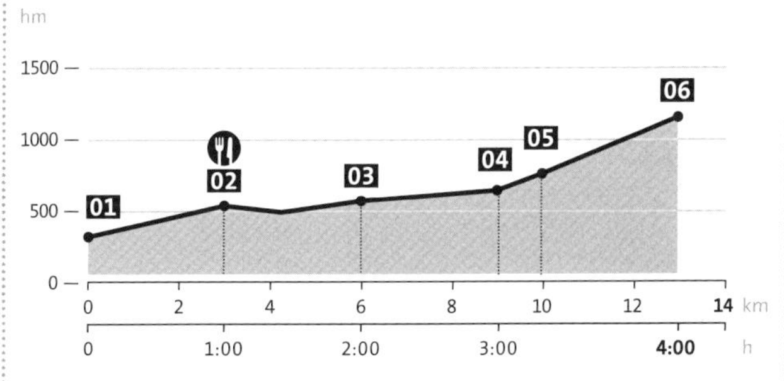

01 Talstation Burgberg-Seilbahn, 310 m; 02 Molkenhaus, 525 m; 03 Eckertalsperre, 559 m; 04 Scharfensteinklippen, 633 m; 05 Hermannsklippe, 749 m; 06 Brocken, 1141 m

rechts hinauf zu dieser Gaststätte und wandern weiter aufwärts zum nahen **Molkenhaus** **02**.

Unter den schier zahllosen Wegweisern, die an dieser Nationalpark-Gaststätte aufgestellt sind, gibt der mit „blau-x" markierte Weg zum „Eckerstausee" und zum „Brocken" die richtige Route vor: Steil geht es hinab in das Eckertal und unten aufwärts zur **Eckertalsperre** **03**, wobei nach Überqueren des Staudamms der Panoramateil der Wanderung beginnt.

Während der Blau-x-Weg bald zum Kruzifix und nach Ilseburg abzweigt, folgen wir an der Verzweigung dem mit „Grünstrich" markierten Weg weiter im Hang über dem Eckerstausee und steigen hi-

Heinrichsquelle
12
537
Tiefe Kohlstelle
Zwölferklippe
Ulmenplatz
Echoplatz
Württembe
02
Molkenhaus
Kaiserweg
585
berg
Wildtier-beobachtungs-station
Hasselteich
Großes Maitzental
Ernstburg
Pferdediebsklippe
Gierstal
Großer Giersbach
Gr. Gierskopf
595
Zillierwald
Am Kruzifix
Luisenbank
Spinne
Frankenbergstein
Dielenweg
Großes
Kohlebornstr.
ottenklippe
12
Ecker-staumauer
03
Fohlenkopf
622
Gruhenkopf
Kaiserweg
Ferdinands Garten
Eckerstausee
Scharfenstein
698
Kolför
04
Rangerstation
Fuhler Lohnbach
Meineck
Skidenkmal
Hermannstraße
Große Peseke
05
Hermannsklippe
Abbenstein
769
Kaiserweg
Bismarckklippe
Lorenzbrücke
Kl. Brocken
1018
Buchhors
12
Hirtenstieg
Kahle Klippe
Brocken
Brockenbahn
Abbe
Ecker
1141
Luisenklippe
Quitschenberg
882
Teufelskanzel
Hexenaltar
06
Brockengarten
Königsbach
Abbe
Knochenbkurve
Brocken-feld
0 500 m
Königsberg
1034
Eckersprung
nsäcke
chierker Str.
Kesselklippe
Eckerloch

Blick zum Brocken am Eckerstausee bei Bad Harzburg.

nauf zum ehemaligen Viehhof an den **Scharfensteinklippen 04**.

Der weitere Aufstieg folgt dem Kolonnenweg hinauf zur **Hermannsklippe 05**, wo der Heinrich-Heine-Weg einmündet. Ab hier heißt der historische Weg „**Hirtenstieg**": An der **Bismarckklippe** vorbei führt er zur Schutzhütte am Eisernen Tisch, dem vorletzten Rastplatz vor dem Ziel (der nächste Rastplatz wurde wenige hundert Meter weiter auf dem Kleinen Brocken eingerichtet), dann ist es nicht mehr weit bis zum **Brockengipfel 06**.

Für den Rückweg bietet sich der Abstieg auf dem Goetheweg (s. Tour 9) nach Torfhaus an (Bus zurück nach Bad Harzburg). Varianten dazu bilden die Routen durch das Eckertal bzw. auf dem Kaiserweg (siehe Tour 11).

Kolonnenwege

Auch mehr als zwei Jahrzehnte nach dem Ende des Kalten Krieges sind die für Militärfahrzeuge angelegten Kolonnenwege im Harz noch nicht verschwunden. Das von Truppen des Warschauer Pakts in die Flanke des Brockens gesprengte, mit Betonwaben befestigte und von Bäumen und anderem natürlichem Beiwerk gesäuberte Teilstück zwischen Scharfenstein und Brocken ist die berüchtigtste, weil steilste und schattenlose Strecke. Obwohl man auf den Betonwaben nur unnatürlich gehen kann (wer versucht rasch abzusteigen, läuft sich sofort Blasen) und die Militärstraße auch manchen Biker zum Aufgeben zwingt, wird die Route rege frequentiert. Aussichtsreich ist sie allemal. Auch andernorts folgen an der ehemaligen DDR-Staatsgrenze West Wanderwege den Kolonnenwegen, doch nirgends sind sie so wanderfeindlich wie beim Aufstieg von Bad Harzburg bzw. auf dem Heinrich-Heine-Weg.

BROCKEN ÜBER DEN HEINRICH-HEINE-WEG

Auf des Dichters Spuren zum Brocken

31 km 8:00 h 892 hm 892 hm

START | Parkplatz am Forellenteich an der Harzburger Straße in Ilseburg (Zentrum). Anfahrt B 6 Bad Harzburg – Wernigerode. | Bahn/Bus: Bahn- und Buslinie Bad Harzburg – Wernigerode; Bahnhof 5 Min. vom Ausgangspunkt.
[GPS: UTM Zone 32 x: 615.350 m y: 5.747.430 m]
CHARAKTER | Kondition erfordernde Rundwanderung auf teilweise felsigen Wald- und Wurzelwegen im Ilsetal, danach bequeme Forst- und Waldwege, teils auch Betonwabenwege (Hermannsklippe bis Brocken und am Goetheweg) und Holzplankenpassagen (Goetheweg).

Der Brockenaufstieg durch das naturschöne Ilsetal ist benannt nach dem Dichter der „Harzreise“.

▶ Mit Blick auf **Ilsenburg 01**, die Türme des Schlosses und den Eingang des Ilsetals führt eine Promenade neben dem Forellenteich zum Markt (Start/Ziel des Ilsenburger Brockenlaufs), von dem die x-Mark. des E 11 durch die von Holz- und Fachwerkhäusern gesäumte Rudolf-Breitscheid-Straße, übergehend in den Mühlenweg, und

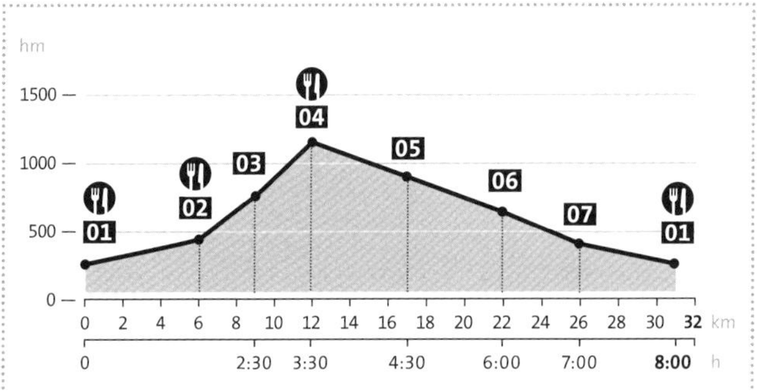

01 Ilsenburg, 250 m; **02** Bremer Hütte, 430 m; **03** Hermannsklippe, 749 m; **04** Brocken, 1141 m; **05** Eckersprung, 890 m; **06** Scharfenstein, 633 m; **07** Kammer, 397 m

Sachsenberg
546
Hochseilpark
Märchenpark
Förstertränke
Ahlsburg
Säperstelle
Kaltetalskopf
600
Rabenklippe
Taubenklippe
Großes Zwißeltal
500
Ettersberg
Heinrichsquelle
Zwölferklippe
537
Tiefe Kohlstelle
Ulmenplatz
Echoplatz
Württemberger Bank
Molkenhaus
Kaiserweg
Hasselteich
585
Winterberg
Wildtierbeobachtungsstation
Großes Maitzental
Ernstburg
Pferdediebsklippe
Großer Giersbach
Gierstal
Zillierwald
Gr. Gierskopf
595
Am Kruzifix
Kleines
Luisenbank
Spinne
Frankenbergstein
Dielenweg
Großes Sand
Kohlebornstr.
Abtklippe
Grottenklippe
Eckerstaumauer
Fohlenkopf
622
Kaiserweg
Eckerstausee
Ferdinands Garten
Gruhenkopf
Tiefenbachtal
Scharfenstein
698
Kolför
06
Rangerstation
13
Ellenberg
647
Fuhler Lohnbach
Ober Meineckenberg
644
Skidenkmal
Große Peseke
Hermannstraße
03
Hermannsklippe
13
Abbenstein
769
Kaiserweg
Bismarckklippe
Lorenzbrücke
Kl. Brocken
1018
Buchhorstklippe
Kahle Klippe
Abbe
Ecker
Hirtenstieg
Brocken
Brockenbahn
1141
Luisenklippe
Quitschenberg
882
13
Königsbach
Teufelskanzel
Hexenaltar
Brockengarten
04
Knochenbrecherkurve
13
Abbe
Brockenfeld
Ecker
Heinrich
Königsberg
1034
05
Hopfensäcke
Eckersprung
Schierker Str.
Kesselklippe
Eckerloch

13
01
Hütten- u. Technikmus.
Forellenteich
Eisenhüttenpark
Wahrberg
275
ILSENBURG
(Harz)
Straße der Romanik
Tuchfeldstal
Fingerweg
587
Suental
Wald-
höhe
Buchberg
Ludwigsbad
Rockensteinklippe
Nationalpark-
haus
Erlebniswald
Wolfshäuweg
Stuhlklippe
545
Meineberg
Westerklippe
Zanthierplatz
Schwarzer Graben
Rohnberg
Adlerklippe
Ilsestein
Kieferklippen
Paternosterklippe
07
Ilse
Jagdhaus
Halberstädter Berg
572
Tännntal
Krummer Weg
Kantorberg
572
Meineberg
574
Draisage-
Blocksberg
Plessenburg
Pfortenberg
Ferdinand-
stein
Huysburger-Häu-Weg
Oberförster-Koch-Weg
Kochstein
Schindelstieg
Weiße
Steine
Wolfsklippen
Alexanderstieg
Soldansweg
Großer Jägerkopf
725
Am Silbern
Mann
Untere
Zeterklippen
827
Hohe
Wand
Molkenhaus-
stern
Chaussee B
Zwölferklippen
Renneklippen
527
Steinerne
Renne
Renne-Fälle
Obere
Zeterklippen
930
Öhren-
klippen
Wenzelstein
Molkenhaus
Chaussee
Oberer Hohneweg
Eschwege
Brücknerstieg
Victor-von-Scheffel-Weg
Fm.-Sietz-Weg
Höllenstieg
Brocken-
kinder
Am Brockenbett
901
Landsmannklippe
Treppenstieg
Kleine Holtemme
Hohe
klippe
656
Skihütte
Kapellen-
klippe
Höllenklippe
0 550 m

zum Parkplatz Blochhauer weitergeleitet, wo der Heinrich-Heine-Weg (Grünstrich) beginnt und längs der Ilse unter alten Buchen aufwärts führt. Die Ilse gibt die Route zu den Ilsefällen vor, bald darauf erreicht der Weg hinter der **Bremer Hütte** **02** eine Verzweigung. Hier führt der Heinrich-Heine-Weg auf einem Waldweg geradeaus, überquert ein letztes Mal die Ilse, und nun sind zwischendurch die Türme auf dem Brocken in Sicht. In einem Wiederaufforstungsgebiet führt der Weg hinauf zum Naturdenkmal **Stempelsbuche** (Sitzbank) und dort nach rechts auf einem Forstweg zur aussichtsreichen **Hermannsklippe** **03** (nach einem 1841 verstorbenen Erbgrafen benannt). Ab hier folgt der Heinrich-Heine-Weg dem ehemaligen Harzburger Weg (**Hirtenstieg**), der während des Kalten Kriegs in eine Patrouillenstraße des Warschauer Pakts umgewandelt wurde. Der nächste Aussichtsfelsen ist die **Bismarckklippe**; 1898 auf den Namen des Reichskanzlers getauft und mit seinem Reliefbild versehen. Weiter geht es auf dem Militärweg über die Brocken-Hangschulter Kleiner Brocken und dann auf dem ehem. Hirtenstieg hinauf zum **Brocken** **04**, wo das Heinedenkmal den Endpunkt des Heinrich-Heine-Wegs markiert.

Unter den Abstiegsvarianten nach Ilsenburg wählen wir das Ecker- und das Sandtal: Dem Goetheweg (siehe Tour 9) folgen wir hinab zum **Eckersprung** **05** und biegen dort rechts auf den Pfad, später Weg in das Eckertal ab („Blaustrich" und „grünes Dreieck"). An der Verzweigung bleiben wir mit dem Zeichen „grünes Dreieck" auf der sachsen-anhaltinischen Seite des Tals, wechseln dann in den von kleineren Bachtälern zerfurchten Nordwesthang des Brockenmassivs und erreichen in sachtem, meist aussichtsreichem Abstieg die Rangerstation **Scharfenstein** **06**, wo sich saisonal ein Imbiss befindet und der Kolonnenweg zum Brocken abzweigt. Hier folgen wir der Mark. „Grünstrich" durch Wälder in das Große Sandtal und wandern in ihm abwärts, bis wir an der **Kammer** **07** auf den bekannten Heinrich-Heine-Weg im Ilsetal treffen. Wer nicht mehr über Fels und Wurzeln steigen will, folgt nicht dem Heinrich-Heine-Weg, sondern der Ilsetalstraße zurück nach **Ilsenburg** **01**.

Der Heine-Stein an den Ilsefällen.

Heinrich Heine: „Harzreise"

Im September 1824 brach der Jurastudent Heinrich Heine in Göttingen zu einer Weitwanderung auf, die er unter dem Titel „Harzreise" zu einer der bekanntesten Wanderschilderungen deutscher Sprache verarbeitete. Die Tour führte ihn über Northeim, Osterode, Clausthal und Goslar auf den Brocken, den er am 20. September erreichte.

ILSENBURG – WESTERBERG

Einsame Wälder und Klippen über dem Ilsetal

15 km | 3:30 h | 413 hm | 413 hm

START | Parkplatz am Forellenteich an der Harzburger Straße in Ilseburg. Anfahrt B 6 Bad Harzburg – Wernigerode und abzweigen nach Ilsenburg (Zentrum), man stößt automatisch auf den großen Forellenteich. | Bahn/Bus: Bahn- und Buslinie Bad Harzburg – Wernigerode. Der Ausgangspunkt ist 5 Min. vom Bahnhof entfernt. [GPS: UTM Zone 32 x: 615.350 m y: 5.747.430 m]
CHARAKTER | Touristisch außer im Ilsetal wenig frequentierte Rundwanderung auf meist bequemen Waldwegen und -pfaden zur aussichtsreichen Westerklippe; für Mittelgebirgsverhältnisse extrem steiler Abstieg ins Ilsetal (schmaler Serpentinenpfad).

Vom Forellenteich in **Ilsenburg** 01 folgt die x-Markierung des Europäischen Fernwanderwegs 11 zunächst einer Promenade mit Blick auf die Stadt, die Türme des Schlosses und den Eingang des Ilsetals. Dann führt der Weg weiter zum Markt und durch die von Holz- und Fachwerkhäusern gesäumte Rudolf-Breitscheid-Straße, geht über in den Mühlenweg, und erreicht den zentralen Wanderparkplatz Blochhauer. Dort beginnt der Blau-X-Wanderweg, der längs der Ilse unter alten Bäumen aufwärts führt.

An der Einmündung des **Großen Sandtals** (**Kammer** 02 genannt) verlässt der Blau-X-Wanderweg die Ilse und folgt einem Forstweg rechts hinauf Richtung „Bad Harz-

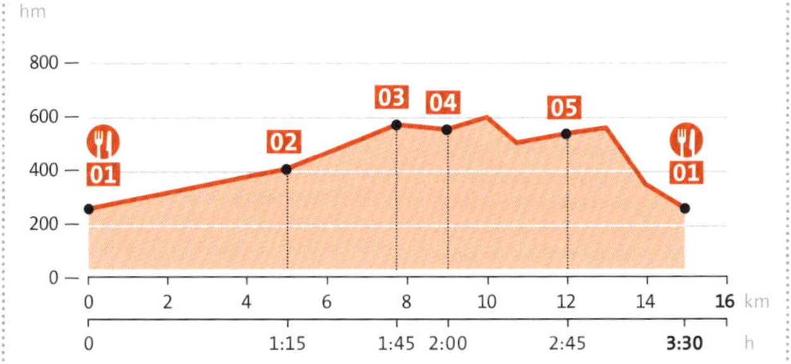

01 Ilsenburg, 250 m; 02 Kammer, 397 m; 03 Am Kruzifix, 563 m; 04 Ernstburgwiese, 545 m; 05 Westerklippe, 529 m

burg“ durch das Große Sandtal. Gleich darauf lädt bei zwei riesenhaften Altfichten eine Bank zur Rast ein. Der Weg überquert den Bach, passiert die Abzweigung des rechts durch das **Kleine Sandtal** führenden und wenig später des links zum Scharfenstein abzweigenden Wegs und führt durch das stille Waldtal hinauf zur Wegspinne **Am Kruzifix** 03 (Sitzbänke, Tisch, Schutzhütte, Brockenblick). Das schmiedeeiserne Kreuz steht an einem bereits um 1640 erwähnten Forstort.

Die Mark. „grünes Quadrat“ leitet auf dem Betonwabenweg rechts hinauf Richtung „Ilsenburg“, passiert in der nächsten Senke die Maitzentalabzweigung (gelbes Quadrat) und führt durch die **Ernstburgwiese** 04, eine große, waldumrahmte Bergwiese, mit Bänken, Tischen und Schutzhütte; benannt nach der Ernstburg, einem um 1770 errichteten Jagdhaus, das nach dem Zweiten Weltkrieg abgerissen wurde.

Vor der nächsten Kuppe führt der Weg rechts in den Wald, an der Verzweigung links hinauf und leitet durch Fichtenforste dem Westerberg zu (grünes Quadrat). Wir überqueren den **Schwarzen Graben**, einen im 19. Jh. angelegten Entwässerungsgraben, und eine Wildfütterungsstelle, dann sind im Wald mehrere Felsen zu sehen, von denen der kanzelartige **Kauschieten-** oder **Kuhklackerstein** namentlich ausgeschildert ist.

Die Grünpunkt-Markierung führt zur geländergesicherten **Westerklippe** 05. Der zwei wassergefüllte Schalen aufweisende Kan-

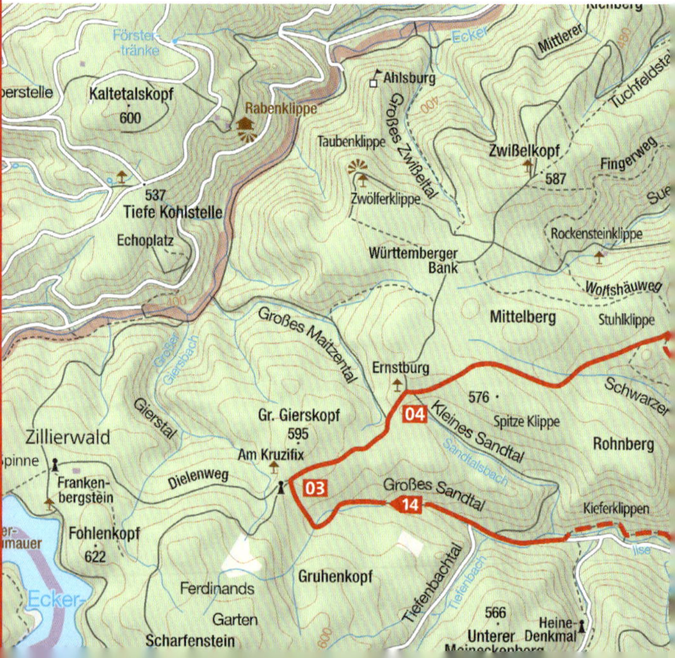

zelfelsen bietet einen Blick über das Sand- und das Ilsetal hinweg zu Brocken und Renneckenberg sowie – links zwischen der Kiefer und der Fichte – zur Paternosterklippe. Auch an den nächsten Felsgruppen sind ausgeprägte Schalen sowie eine sesselförmige Vertiefung zu beobachten. An einer Schutzhütte führt der Grünpunkt geradeaus zum Froschfelsen, kurz darauf beginnt der serpentinenreiche, steile Abstieg zur **Bäumlersklippe**.

Sie ist benannt nach dem Jäger Bäumler, der hier 1752 Selbstmord beging, nachdem er aus Eifersucht seinen eigenen Sohn erstochen hatte (wurde von Fontane im Roman „Ellernklipp" verarbeitet). Wenig später ist der **Kurpark** im Ilsetal erreicht, links geht es zurück zum Ausgangspunkt.

Die geländergesicherte Westerklippe.

ILSEFÄLLE UND ILSESTEIN

Wasserfälle und Panoramen im Bann der Ilse

15 km | 4:00 h | 280 hm | 280 hm

START | Parkplatz am Forellenteich an der Harzburger Straße in Ilseburg. Anfahrt B 6 Bad Harzburg – Wernigerode und abzweigen nach Ilsenburg (Zentrum), man stößt automatisch auf den großen Forellenteich. | Bahn/Bus: Bahn- und Buslinie Bad Harzburg – Wernigerode. Der Ausgangspunkt liegt 5 Min. vom Bahnhof entfernt. Siehe auch Wander-Buslinie 288 (Seite 226).
[GPS: UTM Zone 32   x: 615.350 m   y: 5.747.430 m]
CHARAKTER | Abwechslungsreiche Rundtour auf teilweise felsigen Wald- und Wurzelwegen im Ilsetal, danach bequeme Forst- und Waldwege.

Der von Wasserfällen, urwüchsigen Buchenwäldern und schroffen Felsszenerien geprägte Schluchtabschnitt des Ilsetals von Ilseburg bis hinauf zu den Ilsefällen gehört zu den schönsten Harztälern. Er liegt teils an der Grenze des Nationalparks Harz und teils im Naturschutzgebiet Rohn- und Westerberg, zu dem auch die Hänge und Felsen auf beiden Seiten des Tals gehören, darunter der rund 150 Meter senkrecht aus dem Tal aufragende Ilsestein, einer der schönsten Aussichtspunkte des Harzes.

▶ Vom Forellenteich in **Ilsenburg** 01 folgt die x-Markierung des Europäischen Fernwanderwegs 11

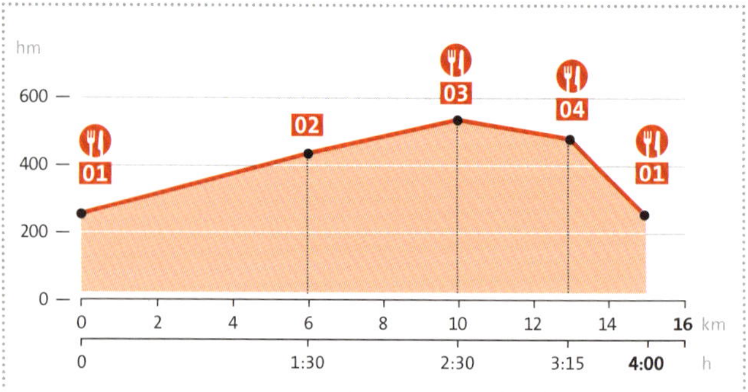

01 Ilsenburg, 250 m; 02 Bremer Hütte, 430 m; 03 Plessenburg, 530 m; 04 Ilsestein, 474 m

einer Promenade mit Blick auf die Stadt, die Türme des Schlosses und den Eingang des Ilsetals zum Markt und durch die von Holz- und Fachwerkhäusern gesäumte Rudolf-Breitscheid-Straße, übergehend in den Mühlenweg, zum zentralen Wanderparkplatz Blochhauer, wo der Heinrich-Heine-Weg (Grünstrich) beginnt und längs der Ilse unter alten Bäumen aufwärts führt.

An der Blankschmiedebrücke befinden sich die letzten Parkplätze, der Heinrich-Heine-Weg zweigt an der nächsten Brücke auf einen felsigen Weg im Buchenhochwald neben der Ilse ab.

Wenig später überquert er den Bergbach auf der Ernst-Helbig-Stegbrücke (Harzer Landschaftsmaler der Romantik, 1802–66), tritt nach Queren der Ilsetalstraße am Zanthierplatz (Schutzhütte) am Fuß des Ilsesteins in das Naturschutzgebiet Rohn- und Westerberg ein und folgt der Ilse auf einem bequemen Waldweg wei-

Ilsetal

Der Schluchtabschnitt des Ilsetals zählt auch aus botanischer und geologischer Sicht zu den interessantesten Harztälern. Den teilweise geländergesichert geführten Heinrich-Heine-Weg begleiten schroffe Granitwände und von Moosen und Flechten besiedelte Felsen, alles überdacht von einem artenreichen Mischwald, in dem die Buche dominiert.

Die Ruinen abgestorbener Bäume stehen teilweise noch aufrecht und dienen als Lebensraum für Pilze. Zu den am häufigsten zu beobachtenden Tieren im Ilsetal zählen Bachforelle, Feuersalamander, Wasseramsel und Kleiber, und in den Felsen über dem Tal brütet der Wanderfalke.

ter aufwärts. Links des über Blockwerk tanzenden Bachs bleibend passiert der Wanderweg eine gewässerkundliche Messstation und eine Stegbrücken-Abzweigung zur Plessenburg (Aufstieg auf der Fahrstraße) und tritt in einen blockreichen, hallenartigen Buchenhochwald ein. Vorübergehend verwandelt sich der Weg in einen Steilhangpfad, passiert am Ende des Naturschutzgebiets erneut eine Brücke, wechselt an der Mündung des Sandtalbachs vorübergehend in das **Große Sandtal**, überquert den Sandtalbach auf der nächsten Brücke und erreicht eine Wegverzweigung.

Hier geht es geradeaus zum Beginn der Ilsekaskaden. Vor dem ersten der Unteren Ilsefälle überquert der Heinrich-Heine-Weg den Bach, passiert eine Rastanlage mit Sitzbänken und Tisch und führt steinig hinauf zum Hei-

Die Brockenkinder am Pfad über den Renneckenberg.

Das Kreuz auf dem Ilsestein.

nedenkmal, wo im Bereich der **Oberen Ilsefälle** erneut Sitzbänke zur Rast laden. Steinig führt der an nassen Stellen mit Bohlen ausgelegte Pfad im Hang über dem Wasserfallbach aufwärts, dann flacht das Gelände ein. An der Verzweigung an der **Bremer Hütte** 02 bei der Roten Brücke geht es scharf links weiter auf dem Unteren Gebbertsweg, einem Wirtschaftsweg (Markierung grünes Dreieck), der kurz aufwärts und dann bequem im Hang durch Fichtenforste zum Ausflugslokal **Plessenburg** 03 führt.

Auf der für den öffentlichen Verkehr gesperrten Zufahrt geht es hinab zur Wanderbushaltestelle, dort zweigt der schmale Waldweg Richtung Ilseburg ab (Rotpunkt-Markierung) und führt zur **Paternosterklippe**, einem hervorragenden Aussichtspunkt mit Blick zum Brocken und in das Ilsetal, aus dem das Rauschen der Wasserfälle heraufdringt.

Nun senkt sich der Weg im Wald hinab zur **Ilsesteinquelle**, die in einem Blockmeer zu Tage tritt, und führt hinauf zum riffartigen, geländergesicherten Gipfel des 150 m aus dem Tal aufragenden **Ilsesteins** 04, wo eine weitere autofreie Ausflugsgaststätte zum Verweilen einlädt: Weit schweift der Blick nordwärts über Ilseburg hinaus auf das Harzvorland, während im Süden der mächtige Brocken über dem tief eingeschnittenen Ilsetal wacht. Das Brausen der Wasserfälle dringt hier herauf bis zur Spitze des Felsens.

In hallenartigem Buchenmischwald führt der Weg an den **Adlerklippen** und weiteren im Steilhang anstehenden Felsen vorbei zu einer Hütte und verwandelt sich dort in einen Pfad, der, teils in Serpentinen, zum zentralen Wanderparkplatz Blochhauer in **Ilsenburg** 01 zurückführt.

STEINERNE RENNE – HOHNEKLIPPEN

Klippentour auf dem Steinharz

24 km | 6:45 h | 619 hm | 619 hm

START | Bahnhof Steinerne Renne an der Harzquerbahn an der Straße „Freiheit" im Ortsteil Hasserode der Stadt Wernigerode. Anfahrt Wernigerode – Schierke. | Bahn: Harzquerbahn Wernigerode – Nordhausen.
[GPS: UTM Zone 32 x: 618.910 m y: 5.742.060 m]
CHARAKTER | Aussichtswanderung auf Wald- und Wurzelwegen, teilweise steil.

Vom **Bahnhof Steinerne Renne** 01 an der Harzquerbahn leitet die Markierung „Rotpunkt" im wildromantischen Wasserfalltal der Holtemme aufwärts. Der Name Steinerne Renne für diese Schlucht, in der sich die Holtemme ihren Weg zwischen Geröll und Blockwerk sucht, ist schon seit dem Mittelalter belegt. Am oberen Ende der Schlucht lädt das **Waldgasthaus Steinerne Renne** 02 zur Einkehr, die Rotpunkt-Markierung folgt der bequemen Molkenhaus-Chaussee weiter aufwärts, wobei der Lauf der Holtemme die Route vorgibt.

Nach Durchqueren des Hanneckenbruchs, in dem sich zwischen Renneckenberg und Öhrenklippen die Quellbäche der Holtemme sammeln, zweigt die Rotpunkt-Markierung links steil auf den Renneckenberg ab, während

01 Bahnhof Steinerne Renne, 311 m; 02 Gasthaus Steinerne Renne, 520 m; 03 Obere Zeterklippe, 930 m; 04 Leistenklippe, 901 m; 05 Ottofelsen, 584 m

Steinharz

Seit dem 16. Jh. werden die markanten Rücken von Renneckenberg und Hohne im Nationalpark Harz als „Steinharz" bezeichnet wegen ihrer Unzahl wollsackverwitterter Granitfelsen.

Die in der Grenzklippe (908 m) gipfelnden Hohneklippen bilden den Ostabschluss des Hochharzes und zählen zu den aussichtsreichsten und charakteristischsten Landmarken des Gebirges.

wir der Molkenhaus-Chaussee weiter folgen und die Wegspinne **Stern** erreichen. Hier zweigt der mit dem Zeichen „Rotstrich" markierte Forstmeister-Sietz-Weg zu den Zeterklippen hinauf ab, die den Nordabschluss des Klippenkamms bilden.

Die mauerartig aufragende **Obere Zeterklippe** 03 (930 m) ist auf einer Leiter ersteigbar und bietet einen guten Blick zum Brocken. Von der Oberen Zeterklippe führt der mit „Rotstrich" markierte Pfad weiter über den Kamm und erreicht die Brockenkinder, eine Ansammlung wollsackverwitterter, rundlicher, isoliert aufragender, nicht allzu hoher Granitfelsen. Sie bilden einen angenehmen, schattigen Rastplatz. Zu den imposantesten Felsmassiven zählt die benachbarte **Kapelle**, 1518 erstmals schriftlich als Königs-Kapelle erwähnt.

Vorbei an zahlreichen weiteren Felsen leitet der Rotstrich-Pfad zu den aussichtsreichen Hohneklippen, deren erste die **Höllenklippe** ist. An der Grenzklippe vorbei geht es zur **Leistenklippe** 04, die auf einer Leiter ersteigbar ist und eine exzellente Rundschau gewährt. An der Verzweigung an der Leistenklippe folgen wir dem „Beerenstieg" (Rotpunkt) steil abwärts, unten an der Nationalparkgrenze auf dem Oberen Hohneweg kurz links und dann rechts hinab zum **Ottofelsen** 05, einem der bekanntesten Kletterfelsen des Steinharzes. Auch er ist auf Eisenleitern ersteigbar und bietet ein weites Panorama.

Von hier führt die Rotpunkt-Markierung bequem zurück zum Gasthaus Steinerne Renne. Weiter geht es auf der bequemen Bielsteinchaussee: Sie führt im Hang zurück zum Ausgangspunkt in Hasserode.

Blick von der Kapellenklippe zum Brocken.

Gruhenkopf
Tiefenbachtal
Tiefenbach
566
Unterer
Meineckenberg
Heine-
Denkmal
Ilsefälle
Ilse
Krummer Weg
Draisage-
Blocksberg
Plessenburg
Bremer Hütte
Oberer
Meineckenberg
644
Pfortenberg
Ferdinand-
stein
Hermannstraße
Hermannsklippe
Schlüsiebach
Schindelstieg
Weiße
Steine
Soldansweg
Chaussee B
Hohe
Wand
Molkenhaus-
stern
Kl. Brocken
1018
Buchhorstklippe
Untere
Zeterklippen
827
16
Obere
Zeterklippen
930
03
Molkenhaus
Chaussee
Brocken
Brockenbahn
Hirtenstieg
1141
Teufelskanzel
Hexenaltar
Brockengarten
Gelber Brink
Fm.-Sietz-Weg
Victor-von-Scheffel-Weg
Höllenstieg
Renneckenberg
Brocken-
kinder
Knochenbrecher-
kurve
Heinrichshöhe
1040
Am Brockenbett
901
Skihütte
Kesselklippe
Eckerloch
Kapellen-
klippe
Glashüttenweg
Rabenklippe
Bahnparallelweg
Mönchsstein
Kanzelklippe
Oberer Königsberger Weg
Schluftkopf
Stangen-
klippe
Alte
Bobbahn
Schlungs-
klippe
Bahnparallelweg
National-
parkhaus
Ahrens-
klint
822
Sandbrinkstraße
Kalte Bode
Pfarr-
stieg
Toter Weg
Kurpark

Tänntal
Kantorberg
572
Meineberg
574
Jägertal
Muhlstieg
Pahnberghangweg
Luthe
Kloster
Himmel
Heudebe
380
Pahnberghangweg
Muhlstieg
Sienberg
Kastanienplatz
Oberförster-Koch-Weg
Kochstein
Häu-Weg
Hist. Wasserkraftwerk
Bielstein
16
01
Am Silbernen Mann
16
Steinerne Renne
Holtemme
16
Kohlstieg
Lossendenkmal
Renneklippen
527
V16
Hippeln
02
Steinerne Renne
Renne-Fälle
Wenzelstein
Thumkuhlental
Elverstein
Steinber
16
Drängetal
Brücknerstieg
Oberer Hohneweg
05
Bergwacht
Eschwege-
Ottofelsen
Hohenstein-klippen
656
Bahnparallelweg
Harzquerbahn
Hagenstr.
Kleine Holtemme
Treppenstieg
Hagendenkmal
Ellenbogen-Chaussee
Höllenklippe
Hasselkopf
571
Leistenklippe
16
Hohnepfahl
Hohneklippen
04
Drei Annen
Moorstieg
Bären-klippe
Natur-Erlebnis-Zentrum
Trudenstein
Spinne
Drei Annen Hohne
0 500 m
Hohnekopf
Feuersteinklippe
Kirchenstieg
Regensteiner Köpfe

KÖNIGSHÜTTE – TRAUTENSTEIN – TANNE

Rappbodevorsperre und Naturlehrpfad

14 km 5:00 h 178 hm 178 hm

START | Bushaltestelle Gemeinde Königshütte am Ortsausgang in Richtung Tanne. Anfahrt B 27 Braunlage – Blankenburg. | Buslinie Elbingerode – Wernigerode, Bus fährt weiter nach Tanne, Sorge und Benneckenstein.
[GPS: UTM Zone 32 x: 621.330 m y: 5.734.360 m]
CHARAKTER | Leichte Tal-, Wald-, Wiesen- und Aussichtswanderung.

Von Königshütte folgt diese bequeme Talwanderung einem Naturlehrpfad längs der Warmen Bode aufwärts in den Erholungsort Tanne. Von dort kann man mit dem Bus zurückfahren bzw. durch die Wälder und aussichtsreichen Wiesen links über dem Bodetal nach Königshütte zurückwandern.

▶ Von der Bushaltestelle in **Königshütte** 01 folgen wir der Promenade kurz parallel zur Straße Richtung Tanne und passieren den von Auenwäldern dem Blick entzogenen Zusammenfluss von Kalter und Warmer Bode (bei Rastbänken Infotafel zur Überleitungssperre). Gleich darauf zweigen wir bei den Wanderwegweisern links ab (geradeaus befindet sich ein Parkplatz), überqueren die von Auenwäldern gesäumte Warme Bode auf einer

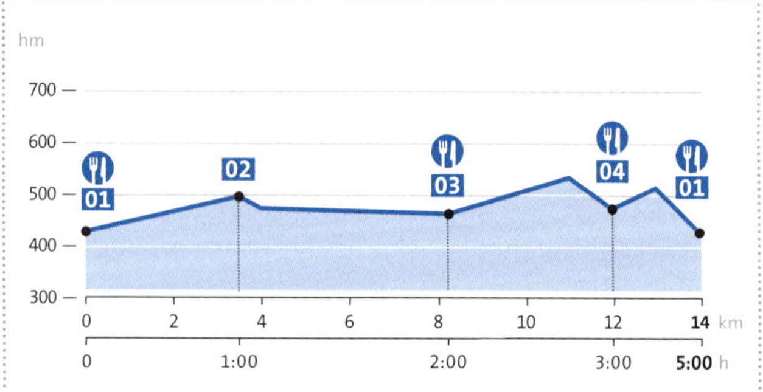

01 Königshütte, 425 m; 02 Kreuzung, 493 m; 03 Trautenstein, 460 m; 04 Tanne, 470 m

Stegbrücke und erreichen am Fuß des steilen Burgbergs eine **Verzweigung** 02.

Während man links zur Überleitungssperre Königshütte (Stausee) gelangt, zweigt rechts der Naturlehrpfad nach Tanne ab. Geradeaus sehen wir einen ziemlich schmalen, mit einem Geländer gesicherten Steig. Auf diesem sollte man bei klarer Sicht den kurzen Abstecher hinauf zu den aussichtsreichen Ruinen der **Königsburg** unternehmen (Lehrtafeln des Wegs Deutscher Könige und Kaiser im Mittelalter).

Die Kirche von Trautenstein neben dem gleichnamigen Druidenstein.

Nach diesem Abstecher führen der Naturlehrpfad und der Hexenstieg in kaum merklichem Anstieg aufwärts im Tal der Warmen Bode, zusätzlich begleitet vom Zeichen „blau-x". Nach Queren der Forststraße Die Lange verabschiedet sich der Hexenstieg links, während das Zeichen blau-x in den Wäldern hinüber in das Tal der Rappbode führt, die hier zur Rappbodevorsperre gestaut ist.

Längs der Uferpromenade finden sich schöne Plätze für eine Rast.

Im Kurort **Trautenstein** 03, dessen Wahrzeichen der namengebende Druidenstein – ein gewaltiges Felsriff neben der Kirche – ist, verlässt der Wanderweg blau-x das Tal der Rappbode und führt in den Wäldern zurück ins Tal der Warmen Bode nach **Tanne** 04. Dort wandern wir nach Überqueren der Straße aussichtsreich halb rechts hinauf durch die Wiesen. Bald nach Eintritt in den Wald senkt sich der Weg in das **Große Allerbachtal** hinab. Hier geht es wenige Minuten aufwärts und dann mit der „Grünpunkt"-Markierung (zusätzlich „gelbes Dreieck") rechts hinauf durch die Wälder in das **Spielbachtal**.

Auf dem Forstweg neben dem forellenreichen Zufluss der Warmen Bode führt die „Grünpunkt"-Markierung kurz aufwärts und wechselt an einer Raststelle rechts hinauf in den Wolfsgrund.

Wo sich der Weg weiter oben im Wald verzweigt, wandern wir aussichtsreich rechts hinab zum Ausgangspunkt.

Steuerkopf
Bastkopf
513 · Rabenstein
Alte Heerstraße
ELEND
27
Mandelholz
Mandelholztalsperre
Kalte Bode
Boderandweg
Kammweg
Lindla
Alter Harz
Spielbach
Alter Tannerweg
Heiligenholz
Ramsenhöhe
Überlagerungsweg
Rauher Jakob
569
Kleiner Allerbach
Großer Allerbach
Spinne
542 ·
Kapitelsberg
TANNE
04
Schaubauernhof
Heimatstube
Harz-Hochstraße
242
17
SORGE
Die Lange
520

Wasserfall
Deutsche Fachwerk
Rothehütte
17
Sandkuhlenweg
Ruine
St. Andreas-
kirche
526
Oberer und
Unterer Hahnenkopf
Königshof
Königsburg
Spielbachsmühle
Talsperre
Königshütte
Susenburg
Bode
Trogfurther Brücke
480
17
Heiligental
02
Teufelsbad
Bremsenköpfe
478
Gr. Rabenklippe
Kl. Rabenklippe
17
Heiligenkopf
491
V17
Warme Bode
Rappbode-
vorsperre
Trageburg
Duhnenkopf
Mühlberg
17
Flade
TRAUTENSTEIN
Harzweg
Hagenbach
03
Giepenkopf
495
Harzhochstraße
0
500 m
Brockenblick
Butterkopf

WERNIGERODE – KLOSTER MICHAELSTEIN

Auf den Wegen deutscher Kaiser und Könige

30 km | 8:00 h | 300 hm | 300 hm

START | Schloss Wernigerode (weiträumig ausgeschildert). Anfahrt B 6 Goslar – Wernigerode – Blankenburg. | Bahn/Bus: Harzquerbahn Wernigerode – Nordhausen, Deutsche Bahn Wernigerode – Halberstadt/Braunschweig. Regionale Busse. [GPS: UTM Zone 32 x: 623.650 m y: 5.743.700 m]
CHARAKTER | Anfangs etwas steile, dann leichte Tal-, Wald-, Wiesen- und Aussichtswanderung auf bequemen, fast durchgehend fahrradfähigen Wegen.

Auf den Wegen Deutscher Kaiser und Könige im Mittelalter führt diese bequeme Wald- und Aussichtswanderung von Wernigerode zum Eggeröder Brunnen und hinab nach Kloster Michaelstein. Dort kann man mit dem Bus nach Wernigerode zurückfahren oder dem Europäischen Fernwanderweg 11 zurück folgen.

▶ Vom **Schloss Wernigerode** 01 leitet die Markierung „Rotstrich“ (Richtung Christianental) am Efeuhaus und am Bärenzwinger vorbei auf den Agnesberg, wo sich

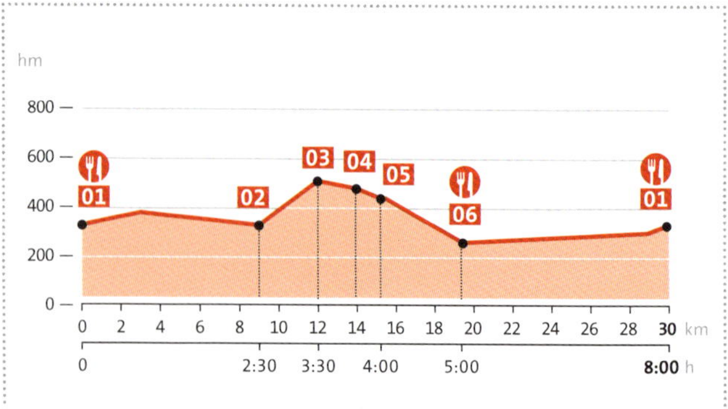

01 Schloss Wernigerode, 320 m; 02 Voigtstieg, 320 m; 03 Hartenberg, 500 m; 04 Eggeröder Brunnen, 470 m; 05 Volkmarskeller, 430 m; 06 Kloster Michaelstein, 250 m

ein eindrucksvoller Blick zurück auf das Schloss und die Stadt sowie bis zum Brocken bietet.

Auf dem Annaweg geht es weiter durch den **Tiergarten**, einen ab 1716 angelegten Park mit altem Baumbestand, zum Schönen Eichenplatz, wo rechts der Abstecher zum **Wildpark Christianental** möglich wäre.

Mit reizvollen Ausblicken führt der Annaweg weiter durch die Wälder zum **Voigtstieg** 02 (Köhlerhüttenanlage) und (Mark. „Rotpunkt") durch den Eisengrund hinauf zum **Hartenberg** 03, wo rechts der Abstecher zum **Schaubergwerk Büchenberg** ausgeschildert ist.

An einem Dreiherrenstein quert der Rotpunkt-Weg die durch das Drecktal nach Heimburg führende Straße und erreicht eine Wegverzweigung an einer Schutzhütte.

Hier verlassen wir vorübergehend den nach Elbingerode weiterführenden Weg deutscher Kaiser und Könige im Mittelalter und folgen dem „Rotpunkt" auf einem Forstweg zur kleinen Feriensiedlung am **Eggeröder Brunnen** 04. Dort geht es geradeaus, wobei wir uns nun wieder auf dem Kaiserweg befinden. Bei den letzten Häusern führt der Rotpunkt-Weg (Herzogsweg) geradeaus, während der Weg deutscher Kaiser und Könige links hinab in den Klostergrund Richtung Michaelstein abzweigt.

Eindrucksvoll ist in diesem Tal die Ruine einer mittelalterlichen Kapelle auf dem **Volkmarskeller** 05, einer Höhlenkirche. Unten vor dem sehenswerten **Kloster Michaelstein** 06 treffen wir auf den E 11 (Mark. „x", zugleich „Blaupunkt").

Diese Markierungen weisen die naturschöne, aussichtsreiche Route zurück nach Wernigerode, wobei man kurz nach Verlassen von Kloster Michaelstein ein kleines Stück einer Nebenstraße folgen muss: Im nächsten Wald geht es dann links ab in das **Teufelsbachtal** und weiter in einer erstklassigen Aussichtswanderung in Streuobstwiesen und im Wald nach **Benzingerode** und zurück nach **Wernigerode** 01.

Im Kräutergarten von Kloster Michaelstein.

Wernigerode-Zentrum
Deutsche Fachwerkstraße
Horstbergkammweg
Horstberg 288
Feldwarte
Augstbergkammweg
Krell'sche Schmiede
WERNIGERODE
Deutsche Fachwerkstr.
Straße der Romanik
Schlossgärten
Harzplanetarium
Lustgarten
Feuerwehrmus.
Schloss Wernigerode
395 Agnesberg
234
Christianenthal
Fenstermacherberg 467
Stapenberg 443
Hermannsweg
Annaweg
Leitweg
NÖSCHENRODE
Erbgrafenweg
Elsestein
Jägerkopf
Pissecken Weg
Harburg
Senfmühlenweg
Sieben Börner
Hundsrücken
Ernst-Moritz-Arndt-W.
Waldmühle
486
Henkersberg
Scharfenstein
Astberg
Astbergrundweg
Voigtstieg
Kleines Pfaffental
Schieferberg
Zillierbach
Eisengrund
Ludwig-Uhland-Weg
Deutsche Fachwerkstraße
Hartenberg
Schaubergwerk Büchenberg
Hartenberg
Pfalz Bodfeld
Büchenberg
Dreiherrenstein
Am Kunstberg-Schacht III
Eisensteinstraße
550 Ortberg
244
Drei Eichen
Erdfelde
Tagebau Mühlental Nord-Nord
Galgenberg 506
Kalksteinunterkornhalde Kaltes Tal Nord
Goethestein

Menhir
Menhir
Menhir
Regensteinblick
BENZINGERODE
Struvenburg
Schulmuseum
Deutsche Fachwerkstraße
Straße der Romanik
Hellbach
Struvenberg
306
Altenburg
Ruine
Heimburg
HEIMBURG
V18
18
Heiligenberg
428
Nackenberg
395
Bärenstein
Teufelsbach
Langenberg
427
Michaelstein
Zisterzienserkloster
06
Waldmühle
Fischteiche
Windenchaussee
Klostergrund
Michaelstein
Zimmerberg
Bastweg
434
Staufenberg
Volkmars-
keller
05
Silberbornsgrund
Goldbach
04
Herzogsweg
Herzogsweg
Alte Elbingeroder Straße
Bollerweg
Braune-
sumpf
Braunesumpf
Braune-
sumpf
511
Hüttenrode
HÜTTENRODE
0
500 m

KLOSTER MICHAELSTEIN – REGENSTEIN

Mühlenwanderung zur Felsenburg Regenstein

10,5 km | 3:00 h | 164 hm | 164 hm

START | Kloster Michaelstein bei Blankenburg. Von der B 6 Wernigerode – Blankenburg abzweigen nach Kloster Michaelstein („Straße der Romanik"). | Bahn/Bus: Stadtbus Blankenburg. [GPS: UTM Zone 32 x: 631.870m y: 5.741.130 m]
CHARAKTER | Leichte Tal-, Wald-, Wiesen- und Aussichtswanderung; für die Besichtigung der Felsenburg Regenstein ist Eintritt zu bezahlen.

Mit Kloster Michaelstein, der Regensteinsmühle und der Felsenburg Regenstein verbindet diese Wanderung drei herausragende Kulturdenkmäler bei Blankenburg am Harznordrand.

Ausgangspunkt der Tour ist das **Kloster Michaelstein 01**. Den Zisterziensermönchen gelang eine beispielhafte Urbarmachung des Landes und die Nutzung des Wassers, wovon über 20 Fischteiche im Klostergrund oberhalb des Klosters zeugen. Die Wasser aus dem Klostergrund, dem Silberborntal und dem Drecktal (Trecktal) lieferten die Antriebsenergie für acht Mühlen (sechs davon wurden im Mittelalter erbaut), die Getreide mahlten, Ölfrüchte stampften oder der Papierherstellung dienten.

An der Zufahrt zum Kloster, vor der Mauer des Klostergartens und vor dem Eingang des (Forellen-)Restaurants (mit Angelteichen), befindet sich eine Übersichtskarte

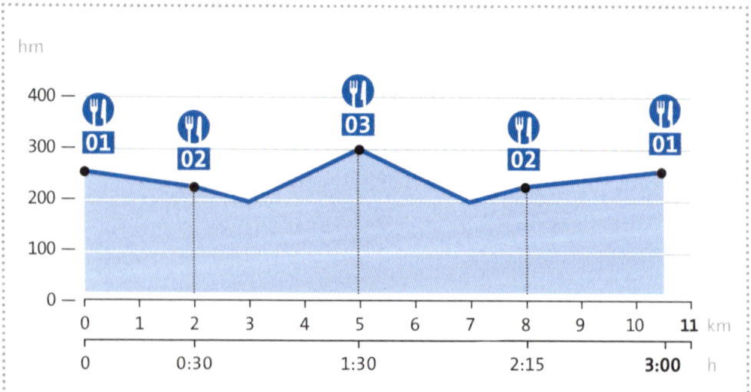

01 Kloster Michaelstein, 250 m; 02 Birkentalmühle, 220 m; 03 Regenstein, 294 m

des Mühlenwanderwegs, dessen Informationstafeln uns bis hin zum Regenstein begleiten werden. Der Mühlenwanderweg verlässt die Klosterzufahrt und folgt dem von Büschen und Bäumen gesäumten Bach talabwärts.

Nach Queren der Straße geht es an Teichen vorbei zur **Mönchemühle** am Mönchemühlenteich (Imbisskiosk), weiter zur **Birkentalmühle** **02** (Gaststätte) und, dem Tal des Goldbachs folgend, nach Queren der B 6 zur **Goldbacher Mühle**, wo das Gasthaus **Pfeifenkrug** zur Einkehr lädt. Nun taucht der Mühlenwanderweg in die Wälder des Regensteins ein und erreicht die rekonstruierte **Regensteinmühle**, eine in die Felsen hineingebaute Mühle aus dem 12. Jh.

Von hier führen namentliche Ausschilderungen (es gibt zahlreiche Wegevarianten, alle sind in etwa gleich kurz) durch schöne Eichen-Buchen-Wälder hinauf zur Felsen-

Von der Felsenburg Regenstein bei Blankenburg schweift der Blick bis zum Brocken.

burg **Regenstein** 03 (Eintritt), die einen erstklassigen Ausblick auf das nördliche Harzvorland und bis zum Brocken bietet.

Von der Felsenburg kehren wir zurück zur **Regensteinmühle** und folgen dem Mühlgraben zum Parkplatz an der B 6. Nach Queren der Bundesstraße führt die Markierung „gelb-x" zurück in das **Birkental** und in sachtem Anstieg Richtung Mönchetal. Man kann nun dem Mühlenwanderweg zurück zum **Kloster** 01 folgen. Die **Alternative** besteht darin, der Gelbkreuz-Markierung durch das **Teufelsbachtal** zu folgen. Sobald wir dort (an einem Parkplatz an der Straße) den Markierungen „x" und „Hexe auf Fahrrad" begegnen, folgen wir ihnen links zurück zum **Kloster Michaelstein** 01.

BLANKENBURGER TEUFELSMAUER

Aussichtsreiche Felsenwanderung

7 km 3:00 h 181 hm 181 hm

START | Hotel-Restaurant Helsunger Krug östlich der Stadt Blankenburg. Anfahrt B 6, Ausfahrt Blankenburg-Ost. | Bahn/Bus: Wer mit öffentlichen Verkehrsmitteln anreist, steigt von Blankenburg aus in die Wanderung ein; Bahnhof Blankenburg (Harz) an der Strecke Halberstadt – Blankenburg.
[GPS: UTM Zone 32 x: 637.990 m y: 5.738.590 m]
CHARAKTER | Aussichtsreiche Wald- und Felswanderung auf teilweise gesichertem Steig, der Trittsicherheit und Schwindelfreiheit erfordert.

Ausgangspunkt der Wanderung ist das Hotel-Restaurant **Helsunger Krug** 01 am Nordfuß der Teufelsmauer, nahe des Dorfs Timmenrode. Vom Parkplatz führt ein Weg auf den Wald zu und überquert die ehemalige Bahntrasse; früher befand sich hier der Bahnhof Helsunger Krug.

Im Jahr 1994 wurden hier die letzten Museumszugfahrten veranstaltet, heute ist das ursprünglich bis Thale führende, inzwischen bis Timmenrode zurückgebaute Gleis weitgehend zugewachsen.

Der Wanderweg führt zum Wald hinauf, an der Gabelung geht es links weiter zum Ostende der **Blankenburger Teufelsmauer**, wo mit der Felsformation **Hamburger Wappen** einer der spektakulärsten Punkte wartet.

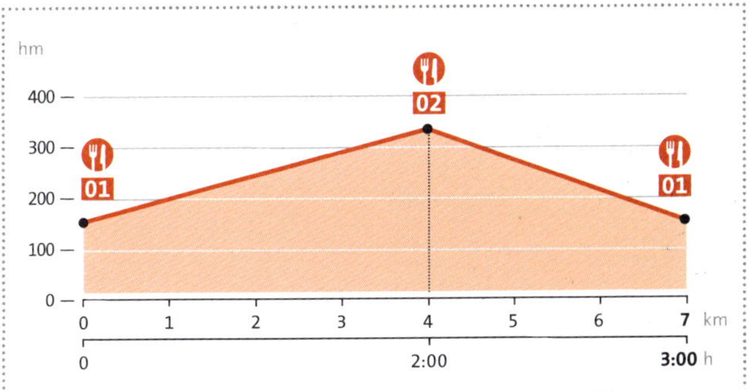

01 Helsunger Krug, 150 m; 02 Großvater, 331 m

Teufelsmauer

Die Teufelsmauer ist eine drachenkammartig herausgewitterte Sandsteinschichtrippe, die zwischen Blankenburg und Ballenstedt mit Unterbrechungen wie eine Mauer parallel zum Harznordrand aufragt. Dieser wild zerklüftete, von naturnahen Wäldern bedeckte, rückenartige Höhenzug gipfelt auf dem Heidelberg bei Blankenburg im Felsturm Großvater (331 m) und zählt zu den urtümlichsten Wandergebieten des Harzes.

Die **Kuxburg**, eine kleine mittelalterliche Wehranlage, beherrschte das Ostende der Blankenburger Teufelsmauer, hier soll sich bereits zur Zeit König Heinrichs im 10. Jh. ein königliches Jagdhaus befunden haben.

Vom Hamburger Wappen führt ein Pfad Richtung Blankenburg westwärts über den Kamm. Schon bald verwandelt sich der Waldpfad in einen Felssteig, der nicht an allen ausgesetzten Stellen geländergesichert ist und Trittsicherheit erfordert. An ein rasches Vorwärtskommen ist auf diesem im Jahr 1853 angelegten Felssteig nicht zu denken, so großartig ist die Umgebung und so häufig sind die Punkte zum Rasten und Schauen. Unter den zahlreichen Einzelfelsen ist der zuletzt erreichte **Großvater** 02 der höchste.

Die drachenkammartige Teufelsmauer.

In den Fels gehauene Trittstufen und Griffhaken führen wie eine Wendeltreppe auf den schmalen Gipfel dieses Felsturms, der eine erstklassige Aussicht auf Blankenburg und die Berge des Hochharzes gewährt.

Am (West-)Fuß des Großvaters in der Einsattelung vor der **Großmutter** befindet sich eine Pfadverzweigung: Geradeaus (links an der Großmutter vorbei) gelangt man in die sehenswerte Altstadt von **Blankenburg** (Abstieg von der Teufelsmauer auf einer Stufenanlage, unten an der Straße links und die erste rechts), links befindet sich eine Gaststätte, rechts zweigt unser Rückweg in den Nordhang ab.

Geruhsam führt er in Eichen-Buchen-Wäldern zurück zum Hotel-Restaurant **Helsunger Krug** 01.

201
Regenstein-mühle
Börnecke (Harz)
258
Gr. Rönneberg
Felsburgruine Regenstein
Sandhöhlen
Freilicht-museum
294
Regenstein
Hochstufung der B 6 zur A 36 beschlossen
Blankenburg-Ost
6
Gehren
200
Straße der Romanik
Deutsche Fachwerkstr
Bio-Bad
27
Thie-Park
BLANKENBURG
(Harz) 220
Kl. Schloss
Helsungen
20
Kletterwald
Gr. Schloss
Schlossgärten
332
Teufelsmauer
02
Großvatersfelsen
01
Helsunger Krug
Ruine
Hamburger Wappen
Kuxburg
CATTENSTEDT
Jordansbach
264
TIM
Silberbach
81
ehem. Forsthaus Eggerode
WIENRODE
Schachtweg
Sitherbach
Waldesruh
Benneckenrode
Krugberg
434
0 500 m

BODETAL – TRESEBURG

Durch das großartigste Schluchttal des Harzes

13,5 km | 3:30 h | 223 hm | 223 hm

START | Zentraler Wandertreff Thale gegenüber vom Bahnhof an der Bahnhofstraße. Anfahrt B 81 Halberstadt – Nordhausen. Bahn/Bus: Busse in alle größeren Orte. Abfahrtszeiten in Treseburg checken!
[GPS: UTM Zone 32 x: 640.350 m y: 5.734.770 m]
CHARAKTER | Talwanderung auf teils steilen und schmalen Pfaden.

Die faszinierende Wanderung durch das Bodetal, eine der bedeutendsten deutschen Schluchten außerhalb der Alpen, verbinden wir mit dem Besuch des Rosstrappenfelsens, von dem der Europäische Fernwanderweg 11 zurück ins Bodetal führt.

▶ Vom zentralen Wandertreff an der Bahnhofstraße gegenüber vom Bahnhof beim Friedenspark in **Thale** 01 geht es wie bei Tour 22 bodeaufwärts zum autofreien **Gasthaus Königsruhe** 02. Hier endet der promenadenartige Teil des Bodewanderwegs, der sich nun in einen teilweise gesicherten, steinigen Steig verwandelt.

Nach Passieren der Schurre-Einmündung (die Abstiegsroute) und Überqueren der Teufelsbrücke (Blick zum Rosstrappenmassiv) erreicht der Steig den **Bodekessel** (Strudellöcher, Wasserfall im 19. Jh. gesprengt) und schwingt sich in Serpentinen aufwärts durch den Bodekesselrücken. Oben bietet sich an einer Sitzbank ein großartiger Blick in das Schluchttal der Bode und zum **Rosstrappenfelsen**.

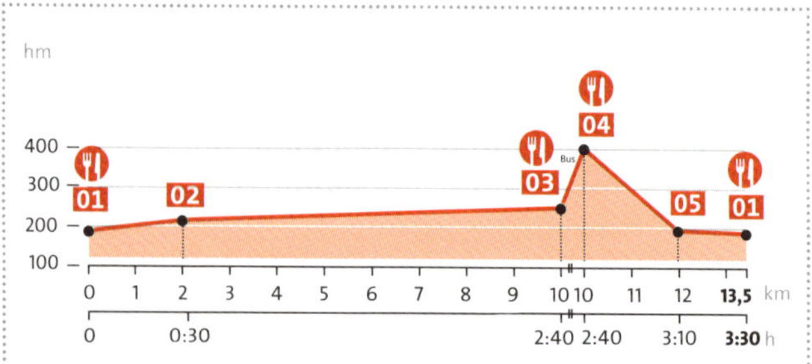

01 Thale, 180 m; 02 Königsruhe, 220 m; 03 Treseburg, 250 m;
04 Rosstrappe, 403 m, 05 Bodetal, 190 m

Vom Kesselrücken führt der Steig im bewaldeten Steilhang wieder hinab und folgt der Bode hoch über dem Steilufer im Laubwald aufwärts zur Raststelle an der Mündung des Kästenbachs. Am oberen Ende des Bodetal-Naturschutzgebiets erreicht der Wanderweg das Bergdorf **Treseburg** 03 an der Mündung der Luppbode. Im kleinen Ferienort gibt es mehrere Einkehrmöglichkeiten, die Bushaltestelle befindet sich bei der Tourist-Information. Die Haltestelle wird von zwei Buslinien bedient; beide fahren über die Rosstrappe, eine fährt weiter nach Thale.

Mit dem Bus fahren wir zur **Rosstrappe** 04, steigen am Parkplatz (Andenken-/Imbisskioske) aus, gehen am Hotel vorbei (toller Harzvorland-Ausblick von der Terrasse) und folgen der Mark. „x“ des E 11 kurz abwärts; wo das „x“ rechts abzweigt, gehen wir kurz geradeaus zum geländergesicherten **Rosstrappenfelsen** mit fantastischem Tiefblick ins Bodetal und hinüber zum Hexentanzplatz.

Von der Rosstrappe geht es zurück zum Berghotel Rosstrappe, vor dem der Abstieg ins Bodetal ausgeschildert ist: Der Präsidentenweg senkt sich im Wald durch den Hang, anfangs in Serpentinen und mit eindrucksvollen Tiefblicken, unterquert die Trasse des Sessellifts und vollzieht vor der ersten Straße eine Spitzkehre nach rechts. Bald nach erneutem Unterqueren des Sessellifts mündet er in den bekannten Weg im **Bodetal** 05.

Dieser führt flussabwärts zurück zum Ausgangspunkt in **Thale** 01.

Aussichtsstelle beim Rosstrappenfelsen.

264
Silberbach
81
WIENRODE
Schachtweg
Waldesruh
400
nsfeld
Krugberg
434
Be
RTH
Hasenteich
Totenrode
400
Herzogsbl
21
Birken-
holz
Böser Kleef
Heimat-
stube
Waldbühne
402
Wilhelmsblick
TRESEBURG
Bergbad
21
Weißer Hirsch
Pfeil-
Denkma
03
Ren
504
480
Bossleich
428
Jagdschloss
Windenhütte
Hexenweg
Luppbode
400

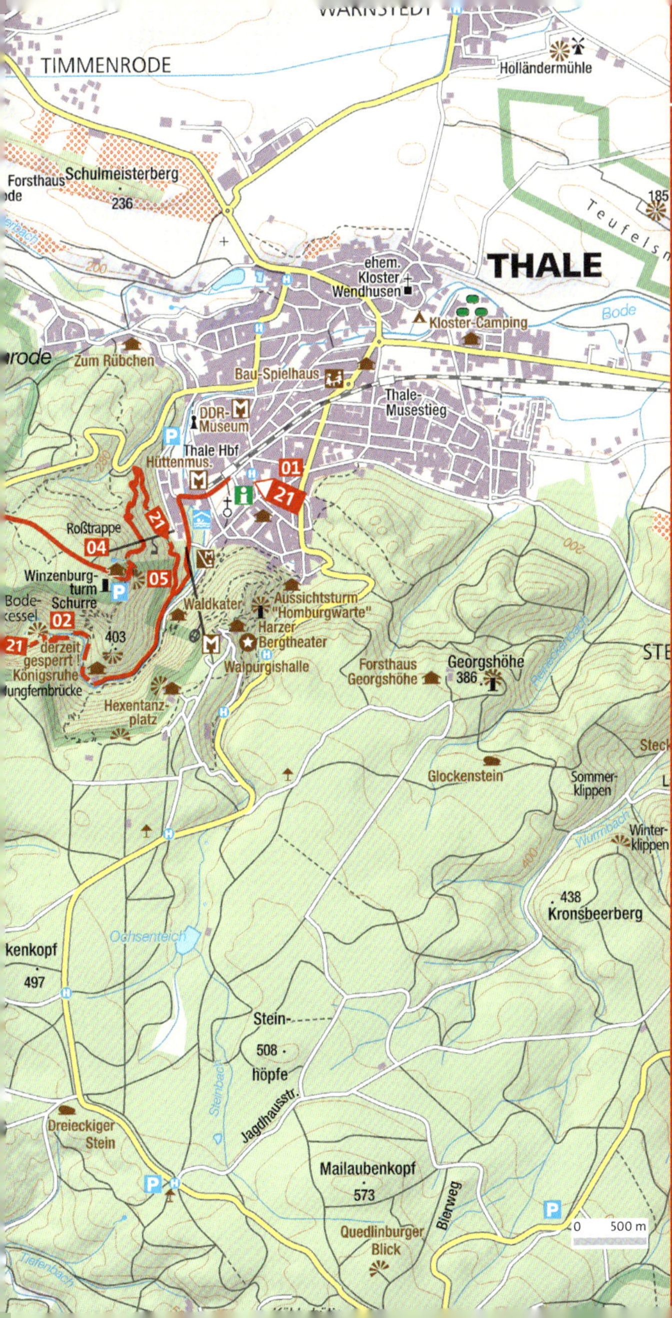
TIMMENRODE
Holländermühle
Forsthaus
Schulmeisterberg
236
THALE
ehem. Kloster Wendhusen
Teufelsm
185
Bode
Kloster-Camping
Zum Rübchen
Bau-Spielhaus
Thale-Musestieg
DDR-Museum
Thale Hbf
Hüttenmus.
01
21
Roßtrappe
04
Winzenburg-turm
05
Bode-kessel
Schurre
02
403
21
derzeit gesperrt!
Königsruhe
Jungfernbrücke
Waldkater
Aussichtsturm "Homburgwarte"
Harzer Bergtheater
Walpurgishalle
Hexentanz-platz
Forsthaus Georgshöhe
Georgshöhe
386
Glockenstein
Sommer-klippen
Winter-klippen
Wurmbach
438
Kronsbeerberg
Ochsenteich
kenkopf
497
Stein-
508
höpfe
Jagdhausstr.
Steinbach
Dreieckiger Stein
Mailaubenkopf
573
Bierweg
Quedlinburger Blick
Tiefenbach
0
500 m

THALE – HEXENTANZPLATZ

Romantische Bodetal- und steile Felswanderung

7 km | 3:00 h | 271 hm | 271 hm

START | Zentraler Wandertreff Thale gegenüber vom Bahnhof an der Bahnhofstraße. Anfahrt B 81 Halberstadt – Nordhausen. Busse in alle größeren Orte der Umgebung.
[GPS: UTM Zone 32 x: 640.000 m y: 5.734.680 m]
CHARAKTER | Bequeme Talwanderung längs der Bode, steile Serpentinen zum Hexentanzplatz.

Vom zentralen Wandertreff an der Bahnhofstraße gegenüber vom Bahnhof beim Friedenspark in **Thale** 01 geht es an der Herz-Jesu-Kirche vorbei Richtung „Schwebebahnen", nach Überqueren der Bode führt die autofreie Promenade unter alten Bäumen neben dem Fluss aufwärts. Nach Passieren der Talstation des Rosstrappen-Sessellifts fällt an der Talstation der Hexentanzplatz-Schwebebahn der Blick hinauf zur Schwebebahn-Bergstation, über der sich der Zuckerhut- und der Wachlerfelsen zeigen, während weiter unterhalb die Zacken der Kleinen Gewitterwand aufragen. Nach Unterqueren der Schwebebahn taucht der bequeme Weg schließlich in den Wald ein und folgt der über Blockwerk gischtenden Bode aufwärts. An der Katersteg-Brücke ist links der Abstecher zur Gaststätte „**Kleiner Waldkater**" möglich.

Rechts des Wegs erinnert eine Tafel neben einer Quelle an die verschlossene **Schallhöhle**, einen um 1760 in den Felsen hineingehaue-

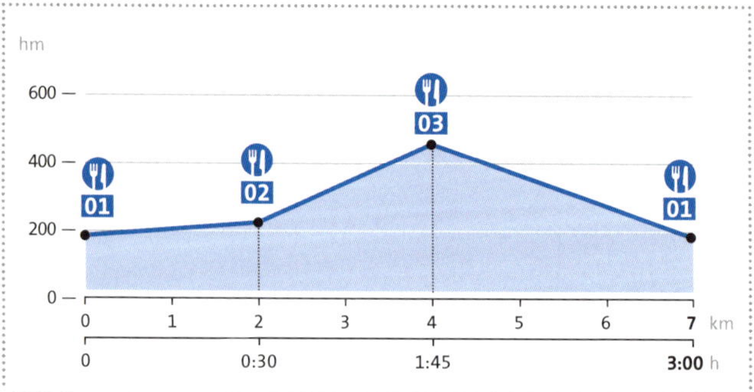

01 Thale, 180 m; 02 Königsruhe, 220 m; 03 Hexentanzplatz, 451 m

nen Gang, der wie ein Schallverstärker wirkte; „zur Belustigung“ von Touristen wurden darin Böllerschüsse abgegeben.

Rechts türmen sich Blockhalden, links rauscht die Bode, alles überdacht von wunderbarem Wald. Der Weg führt neben der über Granitblockwerk rauschenden Bode weiter aufwärts zu den steil aufragenden Granitwänden des sagenumwobenen **Siebenbrüderfelsens**. 1948 wurde er zur Erinnerung an die Bodetal-Wanderungen des Dichters in **Goethefelsen** umbenannt. Auf einer großen Granitplatte im Bodebett – dem Goethestein – soll Goethe 1784 die Verwitterungsspalten im Granit studiert haben. Im Kronensumpf (Kreetpfuhl) beim Goethefelsen bewacht der Sage nach der in einen Hund verwandelte Wüstling Bodo die Krone, die die Riesin Brunhilde beim Sprung vom Rosstrappenfelsen zum Hexentanzplatz verlor.

Bald darauf erreicht der Weg an der Jungfernbrücke am Fuß des **Rosstrappenfelsens** und an der Ausmündung des Hirschgrunds das Gasthaus **Königsruhe** **02**. Von der Terrasse Blick zum Goethefelsen und zum Hexentanzplatz.

Nach Überqueren der Jungfernbrücke beginnt der romantische

Blick vom Rosstrappenfelsen zum Gasthaus auf dem Hexentanzplatz.

Serpentinensteig, der durch den bewaldeten Steilhang zur **La-Vières-Höhe** hinaufführt, einem Aussichtsfelsen hoch über dem Bodetal. Dort führt die Markierung „Rotpunkt" am Heimattierpark vorbei zum Erlebnisbereich **Hexentanzplatz** 03, einem der meistbesuchten Touristikplätze des Harzes.

Die felsige Abbruchkante des Granitplateaus hoch über dem Bodetal bietet einen faszinierenden Tiefblick in das Bodetal, gegenüber sind der Rosstrappenfelsen und in der Ferne der Brocken zu sehen.

Vom Hexentanzplatz leitet die Rotpunkt-Markierung an der Bergstation der Personenschwebebahn und dem Harzer Bergtheater vorbei, dann erfolgt auf dem serpentinenreichen Sachsenwallweg der steile Abstieg zurück nach **Thale** 01.

STECKLENBERG – FRIEDRICHSBRUNN

Durch die Wälder des Rambergs

19 km | 6:00 h | 510 hm | 510 hm

START | Am Kirchplatz in Stecklenberg, östlich von Thale. Anfahrt auf der B 6 Wernigerode – Quedlinburg, in Quedlinburg abbiegen Richtung Thale, später Richtung Neinstedt und weiter nach Stecklenberg. Busverbindung mit allen größeren Orten der Umgebung. [GPS: UTM Zone 32 x: 644.070 m y: 5.733.280 m]
CHARAKTER | Waldwanderung auf meist bequemen Wegen, teilweise steil.

Von Stecklenberg in klimatisch geschützter Lage in artenreicher Laubwaldumgebung am Austritt des Wurmbachtals führt diese Wald- und Aussichtswanderung über den Ramberg zum höchstgelegenen Kur- und Erholungsort im Ostharz, nach Friedrichsbrunn.

Ausgangspunkt ist die Kirche (1869) im Ortszentrum von **Stecklenberg** 01. Die Westfassade mit ihrer Mischung aus treppengiebel- und zinnenartigen Formen erinnert daran, dass dieses Gotteshaus aus Steinen der Stecklenburg erbaut wurde. Von der Kirche kann man direkt durch das **Wurmbachtal** wandern (auf der Wurmtalstraße am Waldschwimmbad vorbei). Bei klarer Sicht ist es jedoch lohnenswerter, den Mark. „Blaupunkt" und „x" (E 11) steil hinauf zur aussichtsreich gelegenen Ruine der **Stecklenburg** zu folgen. Von der Stecklenburg leitet der Europäische Fernwanderweg 11 im Wald hinauf zu den mächtigen

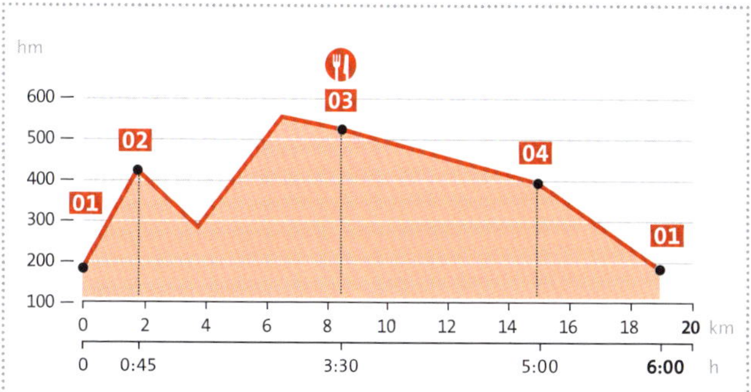

01 Stecklenberg, 180 m; 02 Lauenburg, 420 m; 03 Friedrichsbrunn, 520 m; 04 Georgshöhe, 390 m

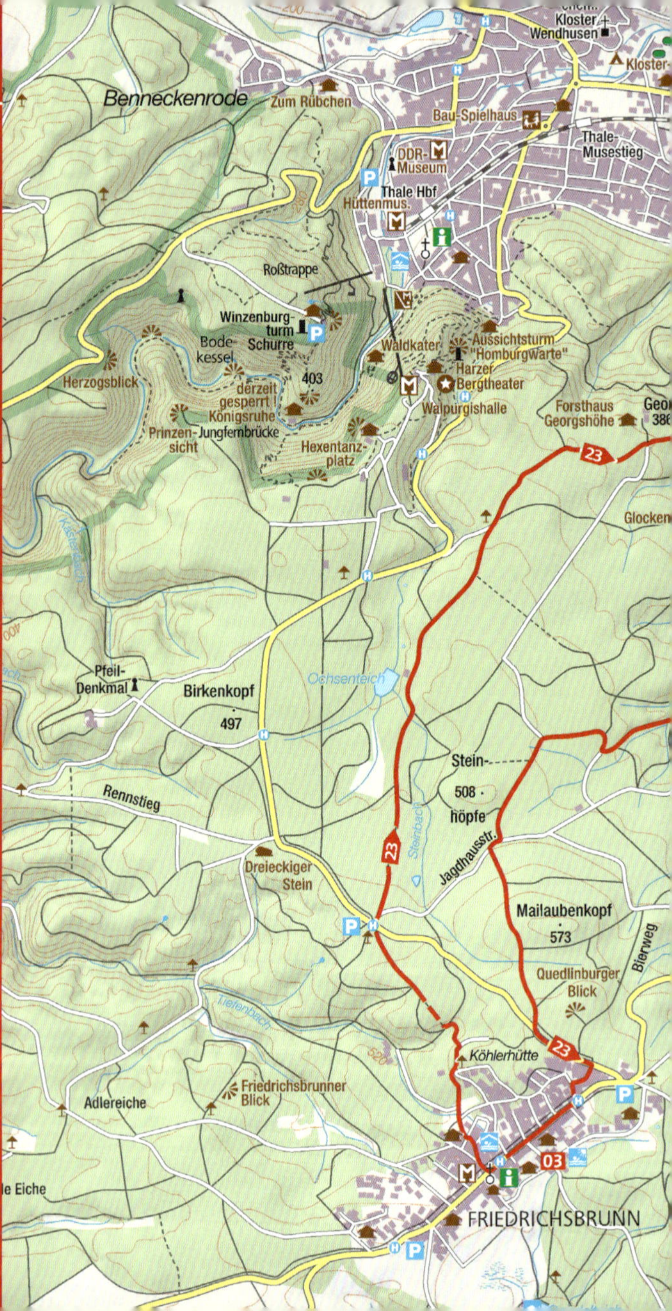
Kloster Wendhusen
Kloster-
Benneckenrode
Zum Rübchen
Bau-Spielhaus
Thale-Musestieg
DDR-Museum
Thale Hbf
Hüttenmus.
Roßtrappe
Winzenburgturm
Bodekessel
Schurre
403
Herzogsblick
derzeit gesperrt
Königsruhe
Prinzensicht
Jungfernbrücke
Hexentanzplatz
Waldkater
Aussichtsturm "Homburgwarte"
Harzer Bergtheater
Walpurgishalle
Forsthaus Georgshöhe
Glocken
Ochsenteich
Pfeil-Denkmal
Birkenkopf
497
Stein-
508
höpfe
Rennstieg
Steinbach
Jagdhausstr.
Dreieckiger Stein
Mailaubenkopf
573
Bierweg
Quedlinburger Blick
Tiefenbach
Köhlerhütte
Friedrichsbrunner Blick
Adlereiche
FRIEDRICHSBRUNN
23
03

Bode
Teufelsmauergarten
Quarmbeck
NEINSTEDT
Schäfereiche
STECKLENBERG
BAD SUDERODE
Bad Suderode
01
23
Kurpark
Ruine Stecklenburg
Stecklenburg
Calciumquelle
Sommerklippen
Kleine Lauenburg
Gr. Lauenburg
Neue Schenke
Kurzentrum
02
Wurmbach
Winterklippen
Wolfsbergblick
Paracelsus-Harzklinik
Preußenturm
Friedenseiche
Felsenkeller
438
Kronsbeerberg
Roter Steiger
Tal
Grenzweg
Heckenrosenweg
Anhaltinischer Saalstein
393
Preußischer Saalstein
Hagentalbach
Spinne
Kaltes
Neuer Teich
Schutzhüttenweg
Lange Allee
Spiegelshof
Viktorshöhe
582
Soldatengräber
Viktorshöhe
Harzcamp Bremer Teich
0 500 m
Bärendenkmal
Bärenweg
Selketal

Friedrichsbrunn

Der von Friedrich dem Großen 1774/75 am Ungetreuen Brunnen gegründete heutige heilklimatische Kurort Friedrichsbrunn (Plakette am Friedrichs-Brunnen) verfügt über voralpines Reizklima mit überdurchschnittlich vielen Sommertagen. In der Umgebung finden sich zahlreiche botanische Raritäten, am bekanntesten ist das Flächennaturdenkmal Trollblumenwiese, etwas versteckter liegt das Naturschutzgebiet Spaltenmoor.

Ruinen der **Lauenburg** 02, von denen sich ebenfalls ein guter Blick auf Stecklenberg und das Harzvorland bietet. Vorbei an den Ruinen der Kleinen Lauenburg, einer Vorburg der Lauenburg, senkt sich der Weg recht steil zurück ins Wurmbachtal. Zwischen felsendurchsetzten Steilhängen führt die gelbe Dreieck-Markierung aufwärts in diesem sagenumwobenen Tal. Der Name des Felsens **Femegericht** erinnert an eine frühmittelalterliche Richtstätte.

Im Quellgebiet des Wurmbachs zweigt die Dreieck-Markierung am Roten Steiger unvermittelt links ab und führt durch die Waldhänge des Mailaubenkopfs in den Luftkurort **Friedrichsbrunn** 03. Gegenüber der Kirche zweigt von der Hauptstraße die Forststraße rechts ab, am Ende geht es kurz rechts (Bocksberg) und an der „Schützenklause" schräg links auf den mit dem Zeichen „gelbes Dreieck" markierten Wiesen- und Waldweg.

Der Weg quert am Parkplatz **Schirmbuche** die Straße Friedrichsbrunn – Thale, taucht auf dem Weg Peterstichel wieder in die Wälder des Rambergs ein und vereinigt sich schließlich am Rastplatz An den Georgseichen mit dem E 11. Dieser führt rechts an der aussichtsreichen **Georgshöhe** 04 vorbei, erreicht nach Durchqueren des Reinickenbachtals den **Glockenstein**, senkt sich zurück ins Wurmbachtal und erreicht wenig später den Ausgangsort **Stecklenberg** 01.

Der Fingerhut.

SELKETAL – FALKENSTEIN

Durch eines der lieblichsten Harztäler

16 km | 4:30 h | 205 hm | 205 hm

START | Parkplatz an der Selkemühle. Anfahrt B 185 Ballenstedt – Harzgerode, beim Bahnhof Mägdesprung abzweigen. | Bahn: Selketalbahn Gernrode – Eisfelder Talmühle, Bahnhof Mägdesprung (mit Mark. „blaue Scheibe" zum Ausgangspunkt). [GPS: UTM Zone 32 x: 651.460 m y: 5.727.070 m]
CHARAKTER | Bequeme Wiesen- und Waldwanderung.

Der als Naturschutzgebiet ausgewiesene Abschnitt des Selketals zwischen der Selkemühle und der Talmühle oberhalb von Meisdorf ist eines der naturschönsten Wandertäler des Harzes.

Es liegt im Unterharz im Übergangsbereich zum flachhügeligen Mansfelder Bergland, ist durch bewaldete Berghänge völlig von Straßen abgeschirmt und wirkt mit seinen alten Laubwäldern, blumenreichen Wiesen und Alleen wie ein Tal aus einer längst versunkenen Zeit.

▶ An der **Selkemühle** 01 endet an einem Parkplatz der für den Autoverkehr zugelassene Bereich, der Europäische Fernwanderweg 11 und die Rotstrich-Markierung folgen dem durch Wiesen mäandrierenden Fluss, den Heinrich Heine in seiner „Harzreise" als „die fröhliche Schwester" der wilden Bode bezeichnete.

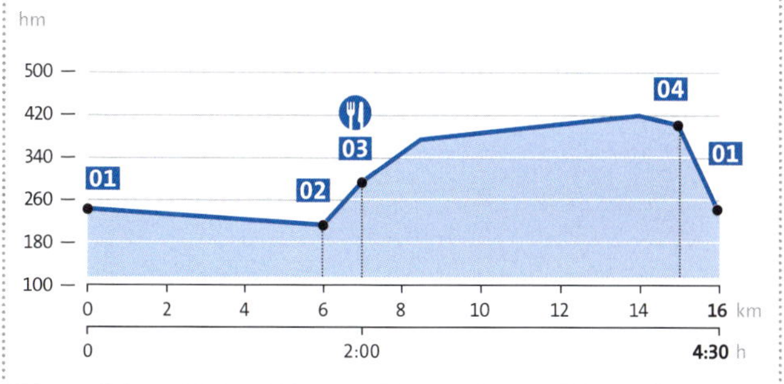

01 Selkemühle, 240 m; 02 Verzw. Thalmühle, 210 m; 03 Burg Falkenstein, 290 m; 04 Burg Anhalt, 398 m

330
Buttlars Grab
BALLENST
Großer
Siebersteinsteich
360
185
Amtmannsweg
Röhrteich
320
Teichgrund
Sühne-
kreuz
Mittelberg
372
Alexanderstraße
Hohe Warte
375
Mettenberg
Langes Tal
Meiseberger Weg
Leimuferstraße
320
ehem.
Jagdschloss
Meiseberg
Forsthaus
Scheerstieg
24
01
Selke
Schneidemühle
Selkemühle
24
Wolfs-
warte
V24
Gr. Hausberg
398
Burgruine
Anhalt
04
Violenste
Vierter
Hammer
Strenzelberg
Scheerenstieg
Herzog-
Alexis-
Erbstollen
Mühlweg
Rauhes H
Schiebecksbach
Wilhelmshof
24
felberg
407
Schiebecksköpfe
HARZGERODE
395

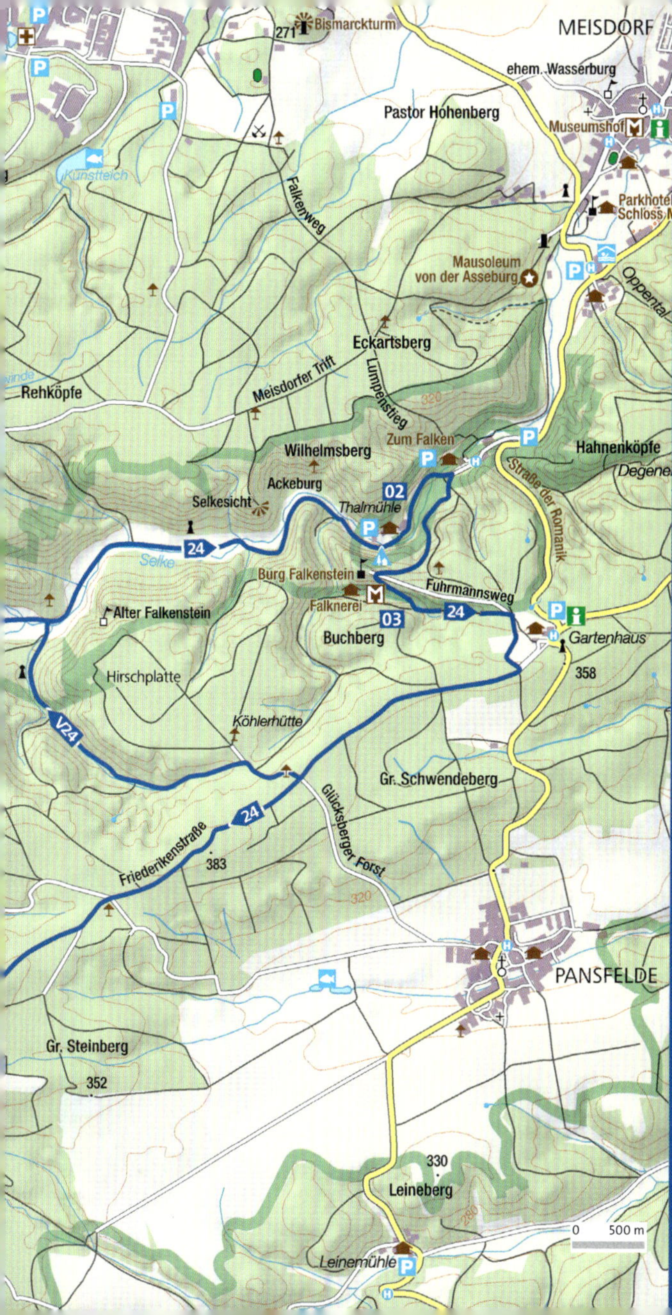
Bismarckturm
271
MEISDORF
ehem. Wasserburg
Pastor Hohenberg
Museumshof
Kunstteich
Falkenweg
Parkhotel Schloss M
Mausoleum von der Asseburg
Oppental
Eckartsberg
Meisdorfer Trift
Lumpenstieg
Rehköpfe
320
Zum Falken
Hahnenköpfe
Degener
Wilhelmsberg
Ackeburg
Selkesicht
02
Thalmühle
Straße der Romanik
24
Selke
Burg Falkenstein
Fuhrmannsweg
Falknerei
03
Alter Falkenstein
Buchberg
Gartenhaus
358
Hirschplatte
Köhlerhütte
V24
Gr. Schwendeberg
Glücksberger Forst
Friederikenstraße
383
320
PANSFELDE
Gr. Steinberg
352
330
Leineberg
280
0
500 m
Leinemühle

Burg Anhalt

Burg Anhalt, deren Ruinen auf dem Großen Hausberg 250 m über dem Selketal thronen, wurde um das Jahr 1050 von Esiko von Ballenstedt errichtet. Nach der Umwandlung von Burg Ballenstedt in ein geistliches Stift (im Jahre 1043) wurde sie die Stammburg der Askanier, die sich ab 1212 nach ihrer neuen Burg „Grafen von Anhalt" nannten.

Das askanische Stammland im Ostharz und das von Abrecht dem Bären erworbene Land an der Elbe bei Magdeburg wurde 1218 zum Fürstentum Anhalt vereinigt. Infolge der zahlreichen Teilungen dieses Fürstentums verlor die Burg an Bedeutung und verfiel ab dem 14. Jahrhundert.

Der promenadenartige Weg bietet Blick zur Burg Falkenstein. Kurz nach Passieren des Gasthauses „**Thalmühle**" 02 wechselt der Fernwanderweg rechts auf den **Eselstieg** und folgt ihm hinauf zu über dem Tal thronenden Burg **Falkenstein** 03, die nie zerstört wurde und zu den besterhaltenen im Harz zählt.

Von der Burg führt der Europäische Fernwanderweg 11 weiter in Richtung des Restaurants „Gartenhaus", winkelt kurz davor rechts ab und trifft auf den Forstweg Friederikenstraße, der nun lange Zeit westwärts durch die Wälder leitet. An der Rodung am Forsthaus Wilhelmshof geht es schließlich rechts hinab zum Ausgangspunkt zurück.

Beim Abstieg ins Selketal lohnt der ausgeschilderte Abstecher zu den Ruinenresten von **Burg Anhalt** 04.

Die ruhige Selke.

STOLBERG – JOSEPHSKREUZ

Hoch über der Fachwerkstadt Stolberg

10 km | 3:00 h | 280 hm | 280 hm

START | Parkplatz am ehemaligen Bahnhof Stolberg, am südlichen Ortseingang. Anfahrt B 80 Nordhausen – Sangershausen, in Berga abzweigen. | Bahnverbindung: Bahnlinie Berga-Kelbra – Rottleberode – Stolberg.
[GPS: UTM Zone 32 x: 635.650 m y: 5.714.770 m]
CHARAKTER | Waldwanderung auf meist bequemen Wegen und Pfaden.

Von der Fachwerkstadt Stolberg führt diese Waldwanderung zum monumentalen Josephskreuz auf dem Auerberg, dem „Brocken des Unterharzes".

▶ Der Bahnhof **Stolberg** 01 an der 2011 stillgelegten Strecke nach Berga-Kelbra liegt im Thyratal gegenüber vom Stadtpark: Nach Überqueren der Thyra und Durchqueren des Stadtparks leitet der Untere Bandweg im bewaldeten Hang talaufwärts. Wenn er aus dem Wald in die aussichtsreichen Wiesen tritt, ist links unten der Markt im Altstadtzentrum von Stolberg mit seiner sehenswerten geschlossenen historischen Fachwerkbebauung zu sehen, überragt vom Schloss. Von steilen Berghängen eingefasst, liegt die Altstadt am Schnittpunkt dreier Täler, des Tals der Thyra, der Wilde und der Lude.

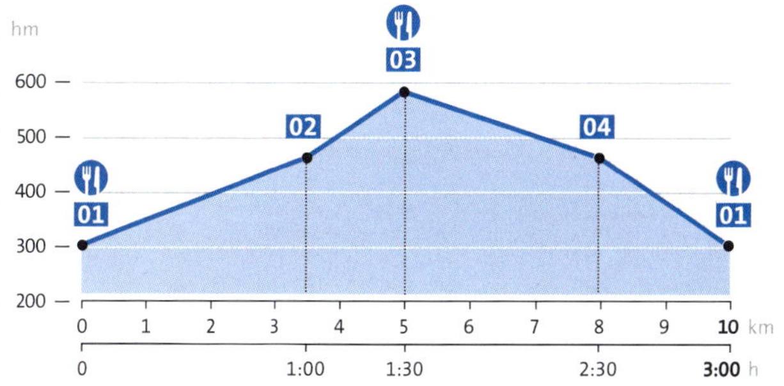

01 Stolberg, 300 m; 02 Sieben Wege, 460 m; 03 Auerberg/Josephskreuz, 580 m; 04 Schwendaer Stadtweg, 460 m

Am Ende der Wiese erreicht der Weg das Café „Sander“ in der Neustadt. Hier führt die Blaupunkt-Markierung rechts hinauf zur **Friedhofskapelle**, die Ludwig Richter als Vorlage für eines seiner schönsten Bilder diente, den „Brautzug im Frühling“.

Auf einem bequemen Forstweg, der Alten Auerbergstraße, geht es im von der Kleinen Wilde durchflossenen Zechental aufwärts, beidseits des Wegs finden sich verfallene Bergbaustollen. Wo an einer **Wegspinne** 02 (Sieben Wege) mit Schutzhütte der Alte Postweg und der Strassberger Stadtweg abzweigen, verlassen wir die Alte Auerbergstraße und folgen dem Richtungsschild halb rechts hinauf zum **Josephskreuz** 03 auf dem Auerberg.

Gegenüber der Gaststätte geht es auf dem „Turmstieg“ kurz und steil hinab bis zum ersten Forstweg, der mit dem Zeichen „grünes Dreieck“ markierten Holzchaussee. Ihr folgen wir rechts zum **Thyrablick** und zur Kreuzung mit dem **Schwendaer Stadtweg** 04. Er führt rechts hinab, an der Kreuzung nach der Linkskurve geht es rechts hinab zur Schutzhütte am Mägdefleck und dort rechts hinaus in die aussichtsreichen Wiesen, in denen wieder der bekannte Untere Bandweg erreicht ist: Er führt links zurück zum Stadtpark beim Bahnhof **Stolberg** 01.

Das größte Gipfelkreuz der Welt.

Josephskreuz

Das 38 m hohe Josephskreuz auf der Josephshöhe auf dem Auerberg ist auf 200 Stufen zu ersteigen. Von der oberen Aussichtsplattform schweift der Blick an klaren Tagen über den Kyffhäuser hinweg bis zum Thüringer Wald sowie bis zu den Domtürmen von Magdeburg.

Die Initiative zur Errichtung eines Monumentalkreuzes auf dem Auerberg ging von Graf Joseph zu Stolberg-Stolberg (daher „Josephshöhe" und „Josephskreuz") aus, der den klassizistischen Stararchitekten Friedrich Schinkel mit dem Entwurf betraute. An Mittsommer 1834 wurde dieser aus Eichenstämmen in Form eines Doppelkreuzes errichtete Aussichtsturm eingeweiht, 1880 brannte er nach Blitzschlag nieder. In Anlehnung an die Schinkelkonstruktion und unter dem Eindruck der Pariser Eiffelturmarchitektur wurde er in Eisen neu errichtet, 1896 wurde der 123 Tonnen schwere Koloss eröffnet.

NETZKATER – POPPENTURM – EISFELDER TALMÜHLE

Bergwerksmuseum und Dreitälerblick

13,5 km | 3:45 h | 356 hm | 313 hm

START | Bahnhof Netzkater der Harzquerbahn. Anfahrt B 4 Nordhausen – Braunlage bis zur Abzweigung der B 81 an einem Imbiss oberhalb von Ilfeld; hier kurz auf die B 81 Richtung Hasselfelde/Magdeburg und in der Kurve rechts an der Straße „Netzkater" bei Ilfeld. | Bahn: Harzquerbahn Nordhausen – Ilfeld – Netzkater – Eisfelder Talmühle – Wernigerode.
[GPS: UTM Zone 32 x: 624.000 m y: 5.718.360 m]
CHARAKTER | Waldwanderung auf meist bequemen Wegen und Pfaden; der Aufstieg zum Dreitälerblick erfordert Trittsicherheit.

Der Bahnhof Netzkater der Harzquerbahn liegt im Dreitälerkessel von Beretal, Brandesbachtal und Schuppenbachtal (Kaltes Tal).

Wenig später werden wir auf diesen Talkessel hinabblicken können. Wenn wir aus dem Bahnhof treten, stehen wir im Beretal und sehen talaufwärts das Brandesbachtal einmünden.

▶ Vom Bahnhof **Netzkater** **01** geht es zum Schaubergwerk **Rabensteiner Stollen** und mit der Markierung „blau-x" auf einem Pfad in Laubwäldern aufwärts Richtung „Poppenberg". Nach steilem

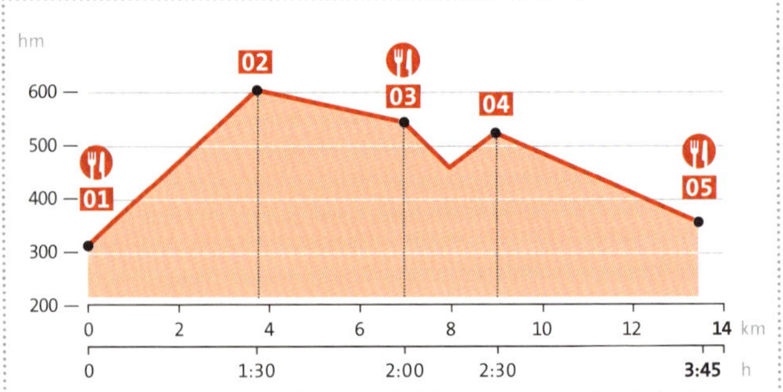

01 Netzkater, 309 m; **02** Poppenberg, 600 m; **03** Hufhaus, 540 m; **04** Birkenmoor, 520 m; **05** Eisfelder Talmühle, 352 m

Rabensteiner Stollen

Der Rabensteiner Stollen am Haltepunkt „Netzkater" der Harzquerbahn ist ein ehemaliges Steinkohlenbergwerk, das im Jahre 1750 angelegt worden ist und das ab 1978 zum Schaubergwerk ausgebaut wurde. Die Untertageführung dauert etwa 45 Minuten, die historischen Grubenanlagen können auch im laufenden Betrieb vorgeführt werden.

Auf dem Freigelände können Kinder und Erwachsene eine Fahrt (600 m) mit einer Grubenbahn unternehmen.

Serpentinenaufstieg in zum Teil felsigem Steilhanggelände (Trittsicherheit erforderlich!) erreicht der Wanderpfad den Dreitälerblick – ein schöner Rastplatz.

Im Wechsel von Pfaden und Wegen leitet „blau-x" weiter über den **Rabenkopf** und passiert den Rastplatz **Brockenblick**: Von Sitzbänken aus schweift der Blick zum Wurmberg und zum Brocken. Nun führt „blau-x" zu einer Wegspinne (Schutzhütte), dann beginnt der kurze Spurt auf den **Poppenberg** 02, auf dem der 33,5 m hohe, eiserne **Poppenturm** eine hervorragende Aussicht einerseits zum Hochharz mit dem Brocken, andererseits weit in das südliche Harzvorland gewährt; bei Regen bietet eine Schutzhütte Unterschlupf.

Vom Poppenberg leitet „blau-x" hinab zu einem Wanderparkplatz und links weiter zum **Hufhaus** 03, wo Gaststätten zur Einkehr laden und mehrere Rundwanderwege beginnen. Nordwärts geht es im Wald weiter zum Forsthaus **Birkenmoor** 04.

Von dort führt die Markierung „Rotpunkt" links hinab in das **Große Teichtal** und durch den **Jägergrund** und unten an der Verzweigung vor der Selketalbahn links zum Bahnhof **Eisfelder Talmühle** 05.

Wer nicht mit dem Zug zurückfährt, folgt nun dem „Wanderschutzweg" talabwärts zum **Netzkater** 01 (plus 4 km).

Neanderdenkmal in Ilfeld.

Stierberg
602
Söddeltalbach
Tiefenbach
Sophienhof
Söddelkopf
Ehem. Tiefenbachm
HP Tiefenbachmühle
Sophienhof
Ziegenalm
Mühlenweg
Gr. Schumannsberg
497
365
Eisfelder
Talmühle
81
05
Harzquerbahn
Großer
Lindenhöhle
Forst-Denkmal
Nonnenforst
26
Hagenberg
Schuppenbach
Christianenh
Herzberg
26
Netzkater
Netzkater
Schaubergwerk
Rabensteiner
Stollen
01
Netzberg
505
516
Sandlünz
26
Brandesbach
Brandesbachtal
Fischbachtal
Talbrauerei
HP Ilfeld-Bad
Große
Lärche
Brocken-
blick
02
Wetterfahne
Poppenturm
Neanderklinik
Frauenburg
Curiepark
313
Altes Rathaus
Heimatmuseum
Ilfeld
393
Großer Lienberg
Harzparadies
Hummelkopf
Wiegersdorf
Schreiberwiese
Solarpark
Leimbach
Kupferschiefer-
320

Kaufung
Füllenb
HP Birkenmoor
Harzgeröder Berg
Selketalbahn
Düselsberg
Gr. Kronsberg
555
Behrköpfe
Kloppgasse
Gr.Harzhöhe
599
26
Birkenmoor
04
Grillenkopf
Drei-
Länder-
Eck
Dreiherren-
stein
Kl. Sullenbach
Gr. Habichtsberg
Gr. Sittenbach
Birkenkop
600
03
Hufhaus
Tiefetal
Alte Poststr.
Bettler
569
Schäferbuchenw
Hardtteich
Talsperre
Neustadt
Heidelberg
528
.533
Mittelberg
Himmelsstieg
0 500 m
Burg
Hohnstein

27

BURG HOHNSTEIN – NORDHÄUSER TALSPERRE

Über Burg Hohnstein zum Nordhäuser Stausee

12 km | 3:30 h | 210 hm | 210 hm

START | Rathaus im Ortszentrum von Neustadt. Parkplatz am Gondelteich an der Burgstraße nördlich des Ortszentrums von Neustadt/Harz. Anfahrt auf Nebenstraßen, z. B. ab Ilfeld von der B 4 aus. Regionaler Busverkehr ab Ilfeld/Nordhausen.
[GPS: UTM Zone 32 x: 627.100 m y: 5.713.580 m]
CHARAKTER | Waldwanderung auf meist bequemen Wegen und Pfaden.

Vom idyllisch am Harzsüdrand gelegenen Luftkurort Neustadt führt diese Wald- und Aussichtswanderung zur Ruine Hohnstein und zur Nordhäuser Trinkwassertalsperre mit ihrer im Jahr 1904 erbauten „Jugendstil"-Mauer.

▶ Ausgangspunkt ist das Rathaus mit dem eichenen Roland (1730) im kleinen historischen Ortszentrum von **Neustadt** 01 mit seinen Fachwerkensembles, dem mittelalterlichen Alten Tor (1412), der Georgskirche und zahlreichen Einkehrmöglichkeiten. Der 1373 als „Nowenstat" urkundlich erstmals erwähnte Ort erhielt 1485 Stadtrechte. Ein Großbrand 1678 vernichtete die Urkunden mit den Stadtrechten. Ab Ende des 19. Jahrhunderts avancierte Neustadt zu einem gut besuchten Erholungsort.

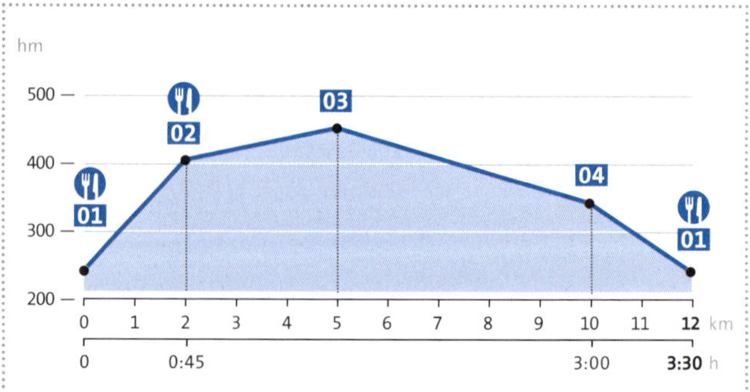

01 Neustadt, 240 m; 02 Burg Hohnstein, 403 m; 03 Nordhäuser Stausee, 450 m; 04 Heinrichsburg, 340 m

Grillenkopf
Kl. Sullenbach
Dreiherrenstein
Gr. Habichtsberg
Gr. Sittenbach
Wollberg
539
Hufhaus
Tiefetal
Arsbach
Alte Poststr.
Krebsbach
Bettler
569
Poppenberg
Kappelbach
Hardtteich
Talsperre Neustadt
Heidelberg
528
533
Mittelberg
Himmelsstieg
Burg Hohnstein
Neustadt/
Harz
Heinrichsburg
Heimatstube Altes Tor
Ruine Ebersburg
Rosenteich
Harzfeldgraben
Harzfelder Kirche
Sägemühle
Krebsbach
Schützens Mühle
Heimatstube
Kutschfahrten
Herrmannsacker
Buchholzer Berg
350
Buchholz
0 500 m
520
560
280
320

Burg Hohnstein

Burg Hohnstein auf einem Porphyrkegel bei Neustadt am Harzsüdrand wurde um das Jahr 1120 unter Konrad von Sangerhausen als Stammsitz der Grafen von Hohnstein erbaut und bis zum frühen 16. Jahrhundert zu einer der größten Harzburgen ausgebaut. Seit der Zerstörung im Jahre 1627 während des Dreißigjährigen Kriegs künden Ruinen von der versunkenen Macht der Hohnsteiner.

Auf dem Burggelände, das auch Schauplatz von Festen ist (Ritterfeste, Lichterfeste, Markttage), befindet sich eine Gaststätte.

Der **Lönspark**, durch den die Tour zuletzt führt, erinnert daran, dass sich auch der Heidedichter auf den von Mischwald bestandenen Bergkuppen im heilsamen Reizklima des heutigen Landschaftsschutzgebiets „Südharz" wohl fühlte. Obwohl gut besucht und einladend, weist der Ort nicht die massentouristischen Merkmale der weiter westlich am Harzsüdrand gelegenen Kurorte auf und kann durchaus als Geheimtipp für Ruhesuchende gelten. Vom Zentrum leitet die Markierung „blau-x" durch die Burgstraße bergwärts zum **Gondelteich** zu Füßen des Burgbergs. Östlich des Teichs führt der Burg-Zuweg weiter aufwärts, vorbei an einem 1870 gepflanzten Mammutbaum, am Informationsschild Südharzburgen beginnt der steile Aufstieg zur **Burgruine Hohnstein** **02**.

Burg Hohnstein thront auf einem bewaldeten Porphyrkegel hoch über dem Neustädter Gondelteich.

Nach diesem Abstecher geht es zurück zum Wanderweg: Die Markierung „blau-x" leitet ostwärts durch den Wald zur **Frauenruhwiese Gretchensruh** und über den **Graseberg** zur Kreuzung mit der Alten Poststraße; dort zweigt an der Schutzhütte der grün markierte Wanderweg zur **Nordhäuser Talsperre** **03** ab.

Nach Überqueren des Krebsbachs am oberen Ende dieses zwischen die bewaldeten Berghänge eingebetteten Trinkwasserstausees geht es auf dem Teerweg am Ostufer talwärts, bis der mit „rot-x" markierte Himmelstieg kreuzt. Er führt noch ein Stück talabwärts und wechselt dann rechts hinauf in die Wälder zur kleinen Ruine **Heinrichsburg** **04**.

Von dort erfolgt der steile Abstieg zum Lönspark und nach Neustadt.

ALTER STOLBERG – HEIMKEHLE

Durch die Laubwälder zur Gipsschauhöhle

12 km 3:30 h 140 hm 140 hm

START | Parkplatz am Schlossteich an der Durchgangsstraße in Rottleberode, Ortsteil der Gemeinde Südharz. Anfahrt auf der B 80 Nordhausen – Sangerhausen und in Berga abzweigen Richtung Rottleberode/Stolberg.
[GPS: UTM Zone 32 x: 635.020 m y: 5.709.310 m]
CHARAKTER | Waldwanderung auf meist bequemen Wegen und Pfaden.

Durch die Laubwälder des quellenreichen Alten Stolbergs im Südharzer Karstgürtel führt diese abwechslungsreiche Wanderung zur Heimkehle, einer der größten Gipsschauhöhlen des Harzes.

Am Ausgangspunkt, dem Schlossteich in **Rottleberode** 01 im Thyratal, informiert eine Übersichtstafel über den Verlauf eines Naturlehrpfads (kurzer Rundweg), der bis zur Grasburg die Route vorgibt. Vom Schlossteich folgen wir dem Naturlehrpfad (Mark. „grünes Dreieck“) auf der kleinen Straße „Am Teich“ bergwärts und zweigen bei den letzten Häusern links hinauf zur Ruine **Grasburg** hoch über dem Krebsbachtal ab.

An der Verzweigung oberhalb der Grasburg wandern wir geradeaus aufwärts, weiterhin der Mark. „grünes Dreieck“ folgend, und orientieren uns zusätzlich

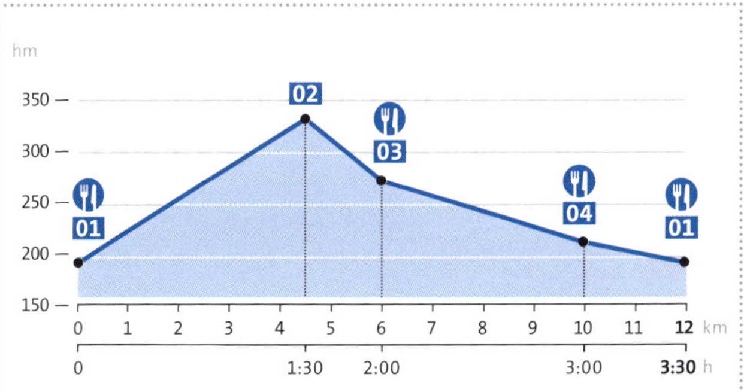

01 Rottleberode, 190 m; 02 Stein 100, 330 m; 03 Kalkhütte, 270 m; 04 Heimkehle, 210 m

Die Heimkehle

Die Heimkehle, eine Gipsschauhöhle, war mit ihrem unterirdischen Gangsystem mit Spalten, Klüften und glasklaren Seen bis zur Zerstörung durch die Nazis eines der schönsten Naturwunder Deutschlands. 1944 richtete das NS-Regime eine Rüstungsfabrik in der Heimkehle ein, ließ die Seen im Kleinen und im Großen Dom trocken legen und zubetonieren und mehr als 1000 Häftlinge des Nebenlagers „Mittelbau Dora“ des KZ Buchenwald hier unter unmenschlichen Bedingungen arbeiten.

Ab 1954 wurden wieder 700 m der schon in der Altsteinzeit bekannten, 1700 m langen Höhle, die 1357 als „Heymelnkellen“ erstmals schriftlich erwähnt wird, touristisch erschlossen. Im Ausgangsstollen der Höhle wurde ein Karstmuseum eingerichtet.

an Schildern, die zur Schutzhütte am **Stein** 02 100 leiten. Es handelt sich um einen von ursprünglich 250 Grenzsteinen, mit denen im Jahr 1735 die über den Alten Stolberg verlaufende Grenze zwischen Sachsen (schreitender Löwe) und Hannover (springendes Pferd) markiert wurde. Vom Stein 100 leitet die von der Talsperre Iberg heraufführende Mark. „rotes Dreieck“ Richtung „**Kalkhütte**“ 03.

Das Waldhotel Kalkhütte ging aus einer 1851 errichteten „Kalkhütte“ (richtig: Gipshütte) hervor, die Felswände an der Wiese erinnern an einen aufgelassenen Gipssteinbruch. Kurz nach Passieren des Waldhotels führt die Rotstrich-Markierung links weiter Richtung „Heimkehle“, wobei mehrfach Infotafeln des Karstwanderwegs auf Sehenswertes am Wegrand aufmerksam machen.

Unten an der **Heimkehle** 04 erreichen wir schließlich einen Wanderwege-Knotenpunkt und folgen der Ausschilderung durch die Wiesen zurück nach **Rottleberode** 01.

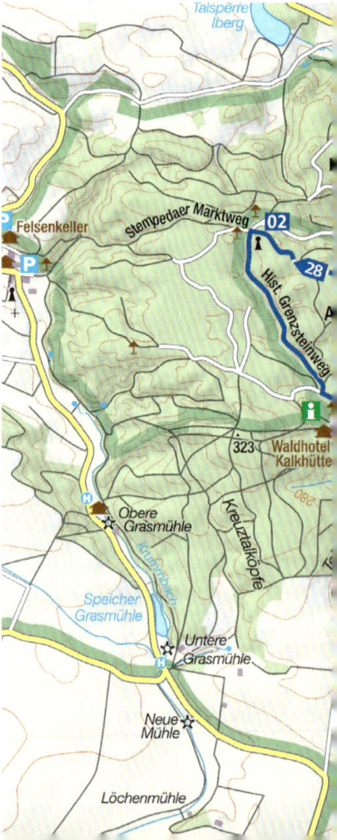

Die Talsperre Iberg am Nordfuß des Alten Stolbergs.

TILLEDA – KYFFHÄUSERDENKMAL

Kulturhöhepunkte des Kyffhäusergebirges

8 km | 2:30 h | 265 hm | 265 hm

START | Parkplatz Königspfalz Tilleda am westlichen Dorfrand, ausgeschildert an der Straße der Romanik. Anfahrt B 80 Nordhausen – Sangerhausen, in Berga abzweigen auf die B 85 nach Kelbra/Bad Frankenhausen, in Kelbra an der Ampel geradeaus Richtung Tilleda/Edersleben. Regionaler Busverkehr. [GPS: UTM Zone 32 x: 648.400 m y: 5.698.570 m]
CHARAKTER | Leichte Panorama- und Waldwanderung mit kräftigem Anstieg im Bereich der Kyffhäuserburgen.

Am Ausgangspunkt beginnt neben dem Kirschkaffee der Kyffhäuserweg zum Kyffhäuserdenkmal. Empfehlenswert ist es, zunächst das als Schauanlage mit rekonstruierten mittelalterlichen Wach- und Wohnhäusern hergerichtete Gelände der im Jahre 972 erstmals erwähnten Königspfalz auf dem Pfingstberg zu besichtigen (Eintritt).

Man erreicht dieses eindrucksvolle Freilichtmuseum über eine Stufenanlage und genießt dort eine schöne Aussicht einerseits zum Kyffhäuserdenkmal, andererseits über das Obstplantagendorf Tilleda und die Goldene Aue hinweg auf den Unterharz.

▶ So eingestimmt auf die Wanderung geht es zurück zum Parkplatz in der **Königspfalz Tilleda** **01**. Der mit einem Burgsymbol markierte Kyffhäuserweg führt durch ein Hochstammobstbaumgebiet aufwärts, wobei Tafeln eines Natur- und Sortenlehrpfads über die Bäume informieren und der Weg einzigartige Ausblicke bietet. Nach dem Panorama-Auftakt taucht der Kyffhäuserweg bei einer Schutzhütte auf einem Hohlweg in Buchenwälder

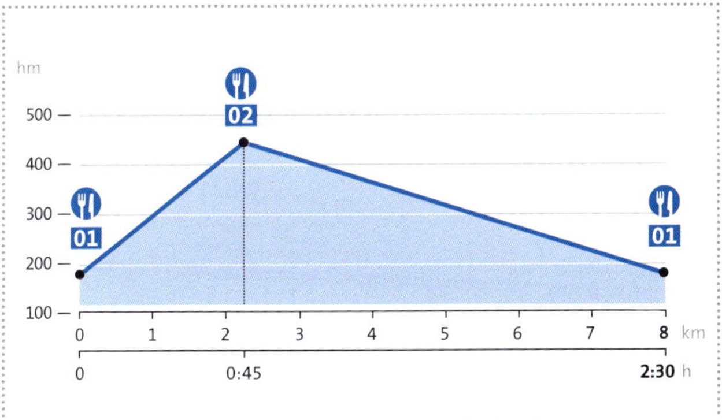

01 Königspfalz Tilleda, 175 m; 02 Kyffhäuserdenkmal, 440 m

ein und erreicht, steiler werdend, die **Kyffhausen-Unterburg**. Sie ist der am besten erhaltene Teil des mittelalterlichen Burgensembles, vor ihrer Nordmauer bietet sich erneut ein hervorragender Blick auf die Goldene Aue und den Unterharz.

Königspfalz Tilleda

Die ottonische Königspfalz Tilleda auf dem aussichtsreichen Pfingstberg, einem Bergsporn über dem Wolwedatal am Nordostfuß des Kyffhäusergebirges, war bis ins 12. Jh. eine bedeutende Reisepfalz deutscher Könige und Kaiser. Im Jahr 972 schenkte Otto I. die Pfalz seiner Frau Theophanu als Morgengabe (Mitgift), 1174 hielt sich hier Friedrich I. Barbarossa auf. Im Spätmittelalter wurde die ausgedehnte Anlage aufgegeben und verfiel.

Nach der Wiederentdeckung (1871) und umfassenden archäologischen Grabungen, bei denen mehr als 200 Häuser (Wachhäuser, Wohnhäuser mit Öfen, Vorratshäuser, Töpferwerkstätten u.a.) in den Vorburgen nachgewiesen wurden, wurde die Anlage als Freilichtmuseum der Öffentlichkeit zugänglich gemacht. Einige mittelalterliche Wach- und Wohnhäuser wurden rekonstruiert, jeweils im Juli ist die eindrucksvolle Anlage Schauplatz von Ritterspielen.

Von den Ruinen der Unterburg führt der Weg an den Ruinen der **Mittelburg** vorbei aufwärts zum **Kyffhäuserdenkmal** 02 (Eintritt) mit dem **Barbarossaturm** in der **Oberburg**.

Wir verlassen das Denkmalgelände wieder an der Kasse und folgen der Promenade geradeaus abwärts bis zu einer Wandertafel im Gaststättenbereich. Dort orientieren wir uns an der Markierung „blau-x“; sie führt in schönen Buchen-Eichen-Wäldern sacht abwärts in das **Lange Tal**, in dem der Kaiserweg (Blaupunkt) kreuzt. Der Kaiserweg leitet durch das Lange Tal und das Wolwedatal zurück zur **Königspfalz Tilleda** 01.

Reetgedecktes Haus in der Kaiserpfalz Tilleda.

BAD FRANKENHAUSEN – KYFFHÄUSER

Auf dem Barbarossaweg zum Barbarossaturm

22 km | 6:30 h | 597 hm | 597 hm

START | Frankenhäuser Lauftreff am Stadtpark (an der B 85) von Bad Frankenhausen an der Nordhäuser Straße. Anfahrt B 85 Kelbra – Kyffhäuser – Bad Frankenhausen. | Bus/Bahn: Regionaler Busverkehr. Der Bahnhof befindet sich weit außerhalb am Südrand von Bad Frankenhausen.
[GPS: UTM Zone 32 x: 645.950 m y: 5.692.100 m]
CHARAKTER | Wald-, Wiesen- und Panoramawanderung auf bequemen Wegen mit einigen kräftigen An- und Abstiegen.

Von der Wanderwegetafel am **Frankenhäuser Lauftreff** 01, dem Startpunkt des Kyffhäuserberglaufs, leitet die Barbarossaweg-Markierung „x8" (weiß-x8 in Schwarz, zusätzlich Markierung „Blaustrich") von der Bundesstraße nordostwärts hinauf und durch das **Wüste Kalktal** zum **Schlachtberg**, auf dem im Jahre 1975 die Bauernkriegsgedenkstätte „Panorama" errichtet wurde.

Aussichtsreich führt der Barbarossaweg auf dem Tilledaer Stieg weiter aufwärts, tritt am Rastplatz Tilledaer Tor (schöner Blick zurück) in Laubmischwälder mit uralten Eichen ein, passiert die Raststelle am **Morgenbrotstein** 02 und senkt sich in das **Pfützen-**

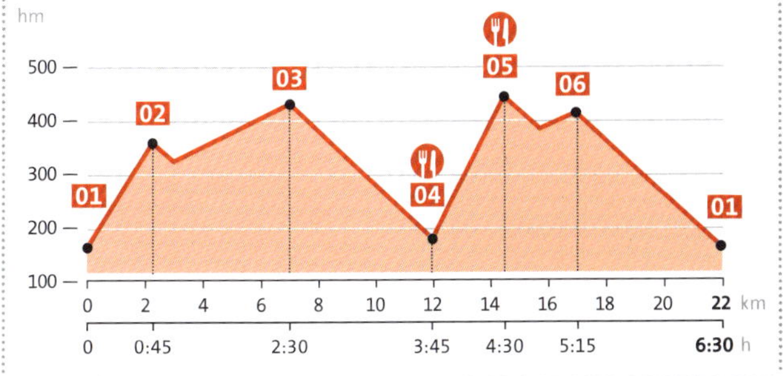

01 Frankenhäuser Lauftreff, 160 m; 02 Morgenbrotstein, 355 m; 03 Gietenkopf, 427 m; 04 Königspfalz Tilleda, 175 m; 05 Kyffhäuserdenkmal, 440 m; 06 Ententeich, 410 m

Kyffhäuserdenkmal

Das in herrlicher Aussichtslage errichtete, 64,25 m hohe Kyffhäuserdenkmal – 4 m höher als die Berliner Siegessäule – wurde 1896 eingeweiht.

Den Entwurf lieferte Bruno Schmitz, der auch für das Deutsche Eck in Koblenz und für das Völkerschlachtdenkmal in Leipzig verantwortlich zeichnete. Die Skulpturen sollen einen gedachten Zusammenhang zwischen Staufer- und Hohenzollernreich verdeutlichen: In einer Rundbogennische sitzt Friedrich I. Barbarossa, der Kaiser des I. Reichs; darüber reitet Wilhelm I., der Kaiser des II. Reichs.

tal hinab, wo erneut eine überdachte Sitzgruppe zur Rast lädt.

Nun folgt ein längerer Anstieg, bis der Barbarossaweg beim **Frauengrab** den Rennweg kreuzt. Hier lohnt bei klarer Sicht der ausgeschilderte Abstecher zum nahen **Gietenkopf** 03 hoch über dem Wolwedatal (hervorragender Blick auf die Kyffhäuserruinen). Der Barbarossaweg führt abwärts, leitet zwischen Wald und Obstbaumwiesen in das **Wolwedatal** hinab, vereinigt sich dort mit dem Kaiserweg (Markierung: Blaupunkt), und in gemeinsamer Routenführung geht es hinab zur **Königspfalz Tilleda** 04 (siehe Beschreibung bei Tour 29). Von dort führt der Barbarossaweg hinauf zu den **Kyffhäuserburgen** 05.

Die Ruinen der Oberburg.

Vom Denkmalsgelände folgen wir der Promenade geradeaus abwärts bis zu einer Wandertafel im Gaststättenbereich. Dort orientieren wir uns an der Markierung „blau-x“; sie führt sacht abwärts in das Lange Tal, wo der Kaiserweg kreuzt, passiert den Bundesstraßenparkplatz am Naturdenkmal **Ententeich** 06 und führt weiter durch die Wälder zum **Dreiforststein** (Rastplatz) und zum Naturdenkmal **Eichen-Linden-Gruppe** bei Rathsfeld, ehe er sich nach Queren der B 85 mit dem Geologischen Lehrpfad Bad Frankenhausen vereinigt.

Vorbei am **Galgenberg**, auf dem 1824 die letzte Hinrichtung statt fand, geht es zurück zum Ausgangspunkt.

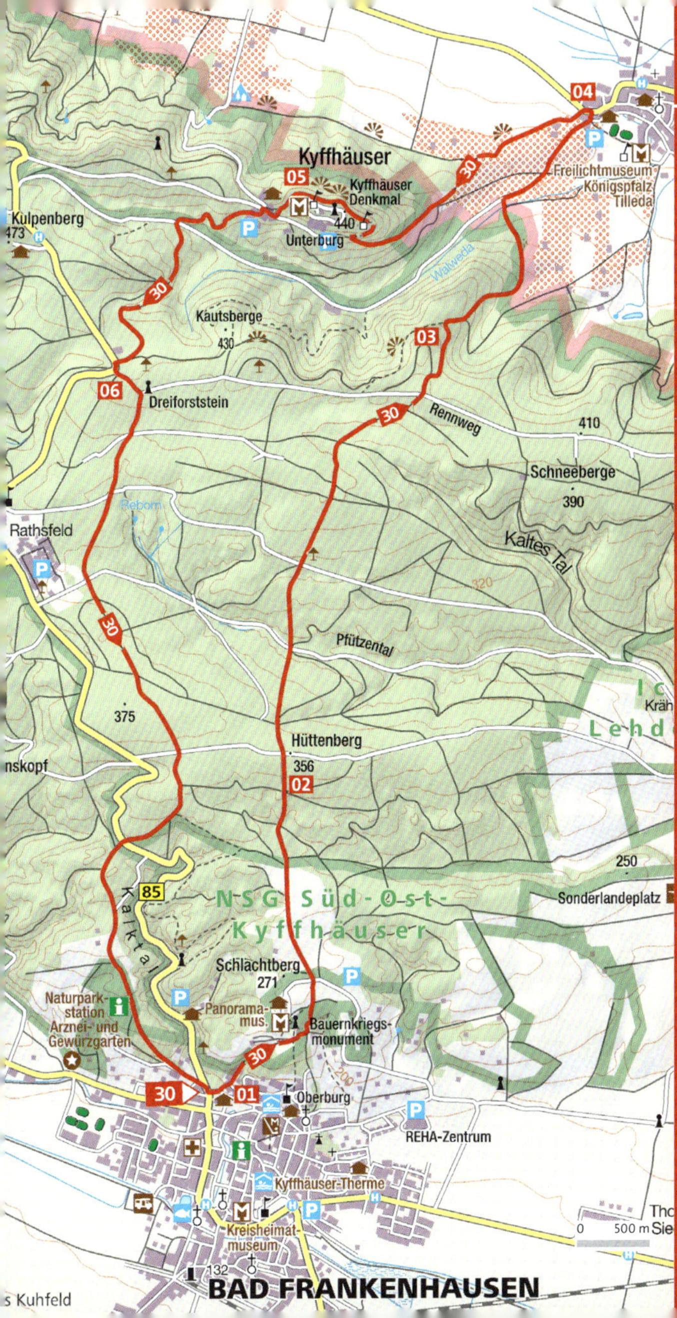
Kyffhäuser
05
Kyffhäuser Denkmal
440
Unterburg
04
30
Freilichtmuseum Königspfalz Tilleda
Walweda
Kulpenberg
473
Kautsberge
430
03
06
Dreiforststein
Rennweg
410
Schneeberge
390
Kaltes Tal
320
Rathsfeld
Rebom
Pfützental
375
Hüttenberg
356
02
nskopf
250
Sonderlandeplatz
85
Kalktal
NSG Süd-Ost-Kyffhäuser
Schlachtberg
271
Naturpark-station
Arznei- und Gewürzgarten
Panorama-mus.
Bauernkriegs-monument
200
01
Oberburg
REHA-Zentrum
Kyffhäuser-Therme
Kreisheimat-museum
132
BAD FRANKENHAUSEN
s Kuhfeld
0
500 m

BARBAROSSAHÖHLE

Eine der größten Gipsschauhöhlen Europas

12 km | 3:30 h | 130 hm | 130 hm

START | Frankenhäuser Lauftreff am Stadtpark von Bad Frankenhausen an der Nordhäuser Straße (B 85). Anfahrt B 85 Kelbra – Kyffhäuser – Bad Frankenhausen. | Bus/Bahn: Regionaler Busverkehr. Der Bahnhof befindet sich weit außerhalb am Südrand von Bad Frankenhausen.
[GPS: UTM Zone 32 x: 645.950 m y: 5.692.100 m]
CHARAKTER | Leichte Panoramawanderung.

Von Bad Frankenhausen führt diese Laubwald- und Aussichtswanderung durch das Naturschutzgebiet „Süd-West-Kyffhäuser“ zur Barbarossahöhle, einer der größten Gipsschauhöhlen Europas.

▶ Von der Wanderwegetafel am **Frankenhäuser Lauftreff** **01** führt die Markierung „blau-x“ kurz neben der B 85 stadteinwärts, wechselt nach Überqueren des Schützengrabens vor dem Kran-

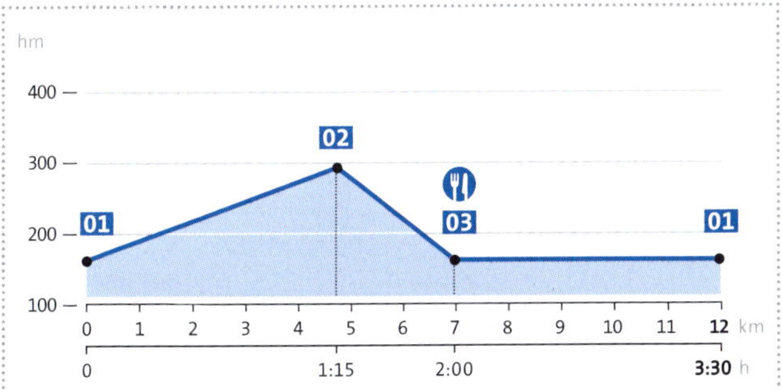

01 Fankenhäuser Lauftreff, 160 m; **02** Köhlers Wiese, 290 m; **03** Barbarossahöhle, 160 m

kenhaus rechts in die Dr.-Graef-Straße, gleich darauf endet der für den Autoverkehr freigegebene Bereich, auf dem Fuß- und Radweg geht es geradeaus. An der Wanderwegverzweigung bei den Sportplätzen überquert „blau-x" rechts an der Gelben Brücke die Kleine Wipper und biegt nach Queren der Straße links auf einen Pfad ein, der mit hervorragendem Hainleite-Blick im sonnigen Süd-

Barbarossahöhle

Die Barbarossahöhle bei Rottleben im Zechstein des südlichen Kyffhäusergebirges ist eine der größten Gipsschauhöhlen Europas. 800 m der 1500 m langen Höhle mit ihren Grotten, Gipsgebilden und blau schimmernden Seen sind touristisch erschlossen. Entdeckt wurde die Höhle 1865.

hang des Kyffhäusergebirges zwischen Sträuchern und Gipsfelsen aufwärts führt, wobei der Kattenburg-Bergkegel einen markanten Blickfang bildet.

Vom Plateau der **Kattenburg** (Sitzbank) bietet sich ein exzellentes Panorama über Rottleben und das Wippertal hinweg zur Hainleite mit dem Possenturm oberhalb von Sondershausen. Funde aus den frühbronzezeitlichen Kulthöhlen der Kattenburg sind im Museum in Bad Frankenhausen zu besichtigen. Wenig später taucht der Hauptwanderweg in den Wald ein und erreicht den Rastplatz **Köhlers Wiese** 02 am Großen Herrnkopf mit Schutzhütte und einer gewaltigen Naturdenkmalseiche.

Weiterhin der Markierung „blau-x“ folgend, wandern wir in sachtem Auf und Ab durch die Wälder und erreichen kurz hinter dem Erdfall Teufelsgrube die Ruine **Falkenburg**.

Hier beginnt nun der Abstieg zur **Barbarossahöhle** 03. Nach deren Besichtigung gelangt man über den fahrradfähigen Barbarossaweg (Markierung „x“, zusätzlich „rotes Quadrat“) am Parkplatz vorbei durch die Wiesen und der Kleinen Wipper folgend ins Solekurbad Bad Frankenhausen zurück.

Zwischen Feld und Wald: der Barbarossaweg am Fuß des Kyffhäusergebirges.

KELBRA – ROTHENBURG – KYFFHÄUSER

Hoch über der Goldenen Aue

13 km | 4:00 h | 280 hm | 280 hm

START | Kelbra Ortsmitte, Parkplätze an der Langen Straße/B 85. Anfahrt B 80 Nordhausen – Sangerhausen und in Berga abzweigen auf die B 85 nach Kelbra/Bad Frankenhausen. Regionaler Busverkehr. Der Busbahnhof befindet sich an der B 85 wenige Minuten bergwärts.
[GPS: UTM Zone 32 x: 642.000 m y: 5.700.200 m]
CHARAKTER | Leichte Wald- und Panoramatour mit kräftigem Anstieg zur Rothenburg. | Einkehr: Kelbra, Kyffhäuserdenkmal.

Von Kelbra in der Goldenen Aue am Fuß des Kyffhäusergebirges führt die Wanderung zur mächtigen Ruine Rothenburg und zum Kyffhäuserdenkmal, ein schöner Panoramaweg leitet zurück nach Kelbra.

Von der Frankenhäuser Straße (B 85) in der Ortsmitte von **Kelbra** 01 zweigt ostwärts die Lindenallee ab, an der Gabelung geht es schräg rechts weiter auf dem aussichtsreichen Hainweg, wobei die Markierung „blau-x" die Route bergwärts weist. Rasch verlässt der Weg die Stadt und taucht aussichtsreich in die Feldflur ein, oben zeigt sich die Rothenburg, links schweift der Blick über die Goldene Aue.

Schon bald zweigt die Markierung „Grünpunkt", die gemeinsam mit „blau-x" von Anfang an die Route gewiesen hat, links ab (unser Rückweg), während der Haupt-

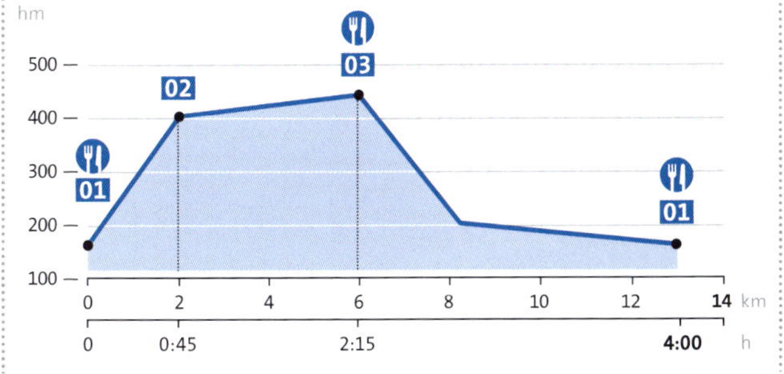

01 Kelbra, 160 m; 02 Rothenburg, 400 m; 03 Kyffhäuserdenkmal, 440 m

Kelbra-Stausee

Der von der Helme gespeiste Kelbra-Stausee ist einer der bedeutendsten Wassersport- und Freizeitseen in der Region Harz/Kyffhäuser mit Strandbad, textilfreiem Strand, Surf- und Segelmöglichkeit, Boots- und Surfbrettverleih, Rollschuh- und Skateboardbahn und zahlreichen weiteren Freizeiteinrichtungen sowie einem ganzjährig geöffneten Campingplatz. Seit die Helme wegen der alljährlichen Überschwemmungen im Helme-Unstrut-Tal 1962–66 durch den Bau einer Talsperre aufgestaut wurde und ein 6 km² großer See entstand, hat sich auch die Stadt Kelbra in der fruchtbaren Niederung der Goldenen Aue mehr und mehr zum Erholungsort entwickelt.

wanderweg weiter aufwärts führt, in den Wald eintaucht, die unsichtbare Grenze zwischen Sachsen-Anhalt und Thüringen überschreitet und nach spürbarem Anstieg die aussichtsreiche **Rothenburg** 02 erreicht. Ein kurzes Stück oberhalb der Burg wechselt blau-X, nun begleitet vom Kyffhäuserweg, links auf den Rothenburgerstieg im Nordhang des Kyffhäusergebirges.

Dieser Laubwaldweg erlaubt zwischen den Bäumen immer wieder weite Ausblicke, am Mutterliebe-Denkmal lädt eine Steinbank zur Rast ein, schon bald erreicht der Wanderweg den Gaststättenbereich am Fuß der Erhebung,

Blick zur Ruine der Rothenburg.

auf der in Toplage das **Kyffhäuserdenkmal** 03 thront. Nach der Besichtigung kehren wir kurz zum Gaststättenbereich zurück und folgen dem mit dem Burgensymbolmarkierten Kyffhäuserweg Richtung Tilleda. Unten am Waldsaum zweigt links der Weg nach **Kelbra** 01 ab (Markierung „Grünpunkt").

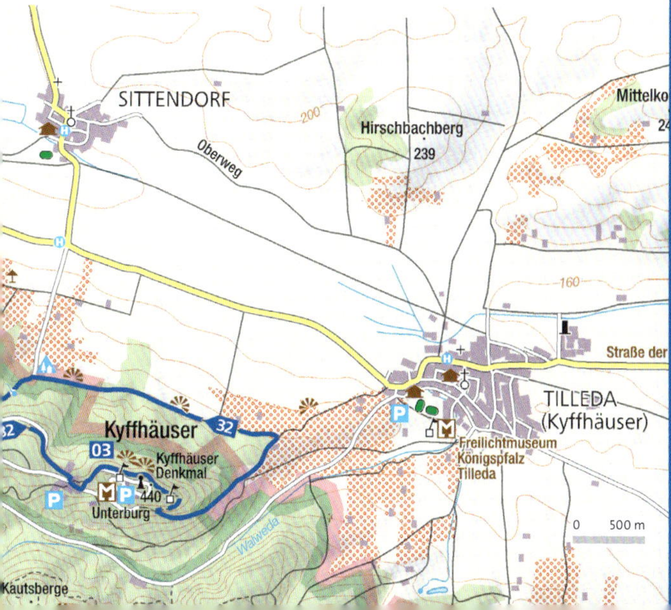

AULEBEN – KULPENBERG – TILLEDA

Auf dem Kaiserweg über den Kyffhäuser

19 km | 5:00 h | 339 hm | 344 hm

START | Ortsmitte Auleben. Anfahrt B 80 Nordhausen – Sangerhausen (Abzw. in Görsbach Richtung Auleben). Busverkehr ab Nordhausen (Rückfahrt mit öffentl. Verkehrsmitteln von Tilleda nach Auleben ist umständlich); nächste Bahnhöfe in Nordhausen und Berga-Kelbra. [GPS: UTM Zone 32 x: 634.050 m y: 5.699.020 m]
CHARAKTER | Wald- und Panoramawanderung mit einigen kräftigen Anstiegen.

Vom Europadorf Auleben führt die 5. und letzte Etappe des Kaiserwegs aussichtsreich durch die Badraer Schweiz und durch die Laubwälder des Kyffhäusergebirges zur Königspfalz Tilleda.

Der Kaiserweg verlässt das Europadorf **Auleben** 01 ostwärts auf einem Feldweg und taucht mit Blick auf den **Kelbraer Stausee** und das Kyffhäusergebirge in das aussichtsreiche Landschaftsschutzgebiet **Badraer Schweiz** ein. Kurz vor dem namengebenden Dorf Badra in der Senke zwischen Windleite und Kyffhäuser zweigt der Kaiserweg links Richtung „Stöckei" ab (bei guter Sicht aussichtsreicher, kurzer Abstecher), schwingt vor dem gleichnamigen Berg rechts, überquert die Landstraße Badra– Kelbra und folgt nach Passieren einer **Bungalowsiedlung** 02 der Grenze zwischen Thüringen und Sachsen-Anhalt in die Wälder des Kyffhäusergebirges.

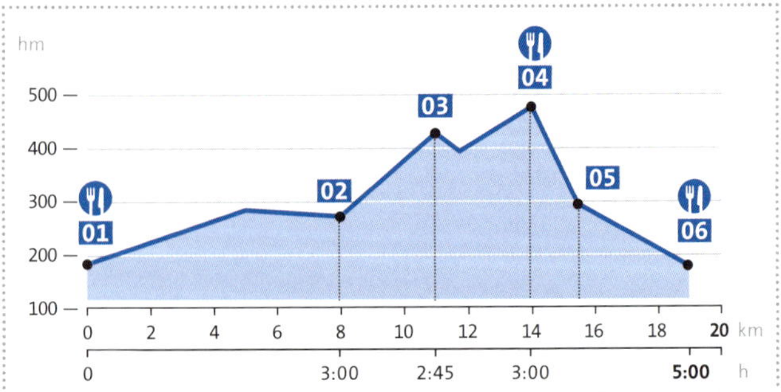

01 Auleben, 180 m; 02 Siedlung, 268 m; 03 Altendorf Klippen, 424 m; 04 Kulpenberg, 473 m; 05 Verzw. Langes Tal, 290 m; 06 Tilleda, 175 m

Der Aufstieg folgt einem jener alten Rennwege (Rennsteige), die in alter Zeit den Kämmen der Gebirge folgten, um die sumpfigen Niederungen zu vermeiden. Oben an den **Altendorfer Klippen** 03 fällt der Blick hinab auf den Stausee und über die Goldene Aue hinweg zum Unterharz mit dem Großen Auerberg. Wenig später ist der **Kelbrablick** ausgeschildert, dann erreichen wir den Rastplatz **Sieben Wege**, blicken an den Bärenköpfen hinüber zur Ruine Rothenburg, es folgen weitere Aussichtspunkte, und schließlich erreichen Kaiser- und Rennweg den **Kulpenberg** 04, die höchste Erhebung des Kyffhäusergebirges.

Vor dem Parkplatz führt der Kaiserweg links weiter, überquert wenig später die B 85 und senkt sich hinab in das **Lange Tal** 05. Hier zeigt sich bald darauf das Kyffhäuserdenkmal, bei klarer Sicht lohnt der ausgeschilderte Abstecher. Der Kaiserweg bleibt aber unterhalb des viel besuchten Denkmalkomplexes in den Wäldern des tief eingeschnittenen Wolwedatals und folgt dem Bach hinaus in die aussichtsreichen Obstbaumfluren des Dorfs Tilleda. Dort lohnt zum Abschluss der Wanderung der Besuch des Freilichtmuseums Königspfalz Tilleda, wo der Kaiserweg endet.

Charakteristische Gipskarstflanke.

Badraer Schweiz

Im Westen des Kyffhäusergebirges erstreckt sich längs des Kaiserwegs die kleinräumige Karstlandschaft der Badraer Schweiz mit ihren Dolinen, Gipsfelsen, Karsttrockentälern und steil geflankten Kuppen. Berühmt ist die Badraer Schweiz für ihre abwechslungsreiche Pflanzenwelt, im Naturschutzgebiet Schlossberg-Solwiesen lassen sich von den Wanderwegen aus viele seltene Arten bewundern, darunter der Sumpf-Enzian, das Ebensträußige Gipskraut, die Zwerg-Steppenkresse und das Frühlings-Adonisröschen; letzteres ist eine Waldsteppenpflanze, die hier ihren westlichsten Standort erreicht. Der Schlossberg mit dem Stöckei (309 m) bietet auch hervorragende Aussicht über die Talsperre Kelbra und die Goldene Aue hinweg zum Harz.

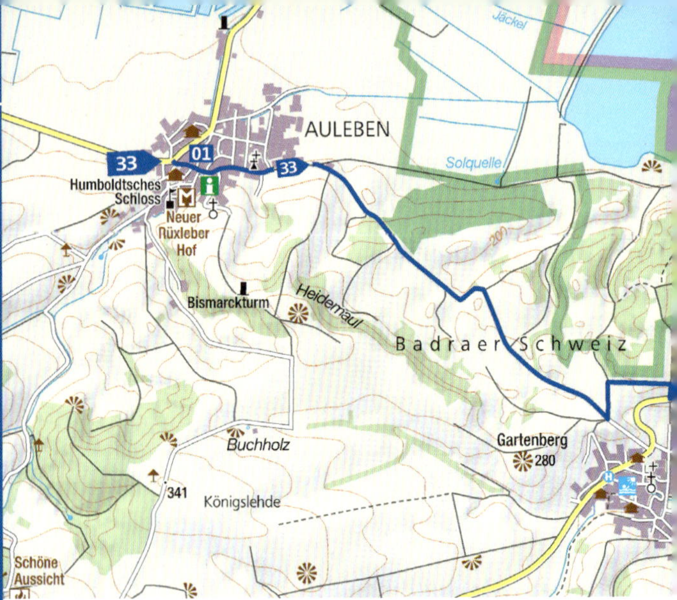
AULEBEN
01
33
Humboldtsches Schloss
Neuer Rüxleber Hof
Bismarckturm
Heidemaul
Badraer Schweiz
Solquelle
Jäckel
200
Buchholz
341
Königslehde
Gartenberg
280
Schöne Aussicht

Rothenburg
200
424
Rennweg
33
04
471
Kulpenberg
473
Steinthaleben
Rathsfeld
375

Kelbra
Seecamp-Südharz
Numburg
Kellental
03
33
Rennweg
424
Badraer Bach
200
240

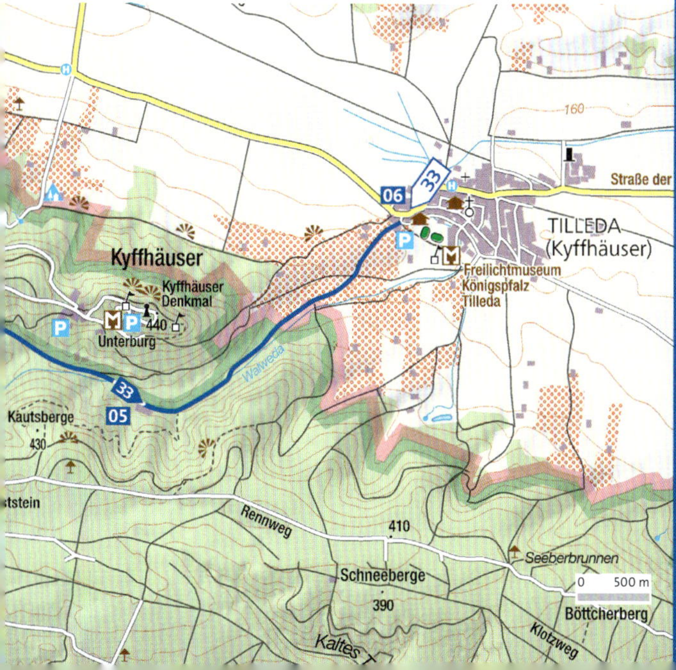
160
Straße der
06
33
TILLEDA
(Kyffhäuser)
Freilichtmuseum
Königspfalz
Tilleda
Kyffhäuser
Kyffhäuser
Denkmal
440
Unterburg
Walweda
33
05
Kautsberge
430
Rennweg
410
Seeberbrunnen
Schneeberge
390
Böttcherberg
Klotzweg
Kaltes
0 500 m

ROTHESÜTTE – STEINMÜHLENTAL

Ins sagenumwobene Steinmühlental

9 km | 2:30 h | 215 hm | 215 hm

START | Bushaltestelle und Parkplatz in Ellrich-Rothesütte. Anfahrt auf der B 4 Nordhausen – Braunlage. [GPS: UTM Zone 32 x: 619.200 m y: 5.721.590 m]
CHARAKTER | Buchenwaldwanderung, die ein wenig Orientierungssinn verlangt.

Diese ruhige Buchenwaldwanderung führt in das canyonartig eingeschnittene Steinmühlental.

▶ Der Waldweiler **Rothesütte** 01 im Naturpark Südharz, Ortsteil der Stadt Ellrich, ist die nördlichste Ortschaft Thüringens. Die 1733 erbaute Kirche wurde in DDR-Zeiten abgerissen, nahe des ehemaligen Standorts befindet sich ein Glockenträger mit der erhalten gebliebenen Glocke von 1888; nach ihr hat sich das Café-Restaurant „Harz Glocke" mit der im Landhausstil eingerichteten „Kaminstube" am Südrand des Orts benannt.

Hier zweigt von der Bundesstraße der fahrradfähige Weg Richtung „Steinmühlental" ab; er steigt sacht zum **Kleinen Ehrenberg** an und schwingt an der Gabelung ostwärts, wobei gelegentlich eine Blaustrich-Markierung erkennbar ist. Schon bald verlässt der Blaustrich denn fahrradfähigen Forstweg und wechselt rechts auf einen sich rasch hinabsenkenden Waldweg, der an einem Hochsitz vorbei zu einer weiten, abgeschiedenen Bergwiese führt

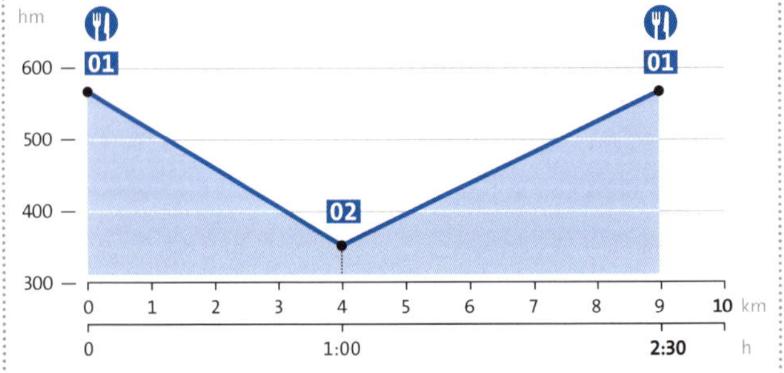

01 Rothesütte, 565 m; 02 Goldborn, 350 m

und ihr links hinab zum **Helltalsteich** folgt, am Wegrand stehen zum Teil uralte Fichten, am verlandenden Teich laden Bänke und Tisch zur Rast ein. Vom Teich geht es weiter abwärts und unten an der nächsten Verzweigung auf dem als Radweg ausgeschilderten Forstweg rechts hinab in das **Steinmühlental** (grünes Dreieck).

Schon bald begleitet den Weg das lebhafte Rauschen eines Bachs in diesem tief eingeschnittenen Tal, und nach Passieren einer ausgeschilderten Rückwegabzweigung

Steinmühlental

Das sagenumwobene Steinmühlental ist ein kurzer, canyonartiger, felsenreicher, von artenreichen Laubmischwäldern bedeckter, im Vergleich zu den umgebenden Tälern außerordentlich tief eingeschnittener Talabschnitt zwischen Giersberg und Stehlenberg oberhalb von Ellrich-Appenrode. An der namengebenden Steinmühle (abgetragen) kreuzt unterhalb des Goldborns der Ilfelder Stieg. Oberhalb des früher als wundertätig gedachten Goldborns, einer Quelle, stehen im Steilhang skulpturenhaft wirkende Felsen an.

(„kurzer Weg 3 km") beginnt der eigentliche Schluchtabschnitt.

Am **Goldborn** 02 lädt eine Sitzbank mit Tisch zur Rast. Unterhalb einer überdachten Raststelle zweigt am Standort der ehemaligen Steinmühle der Weg rechts hinauf auf einen Buchenwaldweg Richtung „Rothesütte" ab (Grünstrich): Er trifft an der Wegespinne **Schimmelshütchen** auf eine Forststraße, die sich ins Tal des Ellerbachs senkt und dem Bach zwischen Stehlenberg, Heiligenberg und Hohenstein ins Quellgebiet hinauffolgt.

Oben an der Wegekreuzung **Wernaer Tor** zweigt das rote Dreieck links hinauf ab, und an der Verzweigung weiter oben am Spitzen Klinz geht es geradeaus zurück zum Ausgangsort **Rothesütte** 01.

Lupinen am Wegrand.

WALKENRIED – HIMMELREICH

Karstwanderweg zum Himmelreich

8 km | 2:15 h | 61 hm | 61 hm

START | Walkenried Kloster (250 m) im Ortszentrum von Walkenried, Parkplatzzufahrt über die Wiedighofer Straße. Anfahrt auf der B 243 Seesen – Osterode – Nordhausen und abzweigen nach Walkenried. | Bahn/Bus: Bahnhof Walkenried der Linie Northeim – Nordhausen; regionaler Busverkehr. Der Bahnhof befindet sich 10 Gehminuten entfernt von der ausgeschilderten Ruine. [GPS: UTM Zone 32 x: 612.130 m y: 5.715.960 m]
CHARAKTER | Leichte Wald- und Wiesenwanderung.

Von den gotischen Ruinen des Klosters Walkenried führt diese idyllische Südharzrundwanderung durch die Laubwälder des Himmelreich-Gipsmassivs. Steilwände, Erdfälle und Felsfluren, Buchen- und Eichenmischwälder, Schatthang- und Schluchtwälder und Erleneschenwälder, Birken- und Erlenbrüche mit nährstoffreichen Stillgewässern sowie Niedermoor- und Sumpfbereiche prägen diesen außergewöhnlich artenreichen und vielfältigen Berg, der einen Teil des Naturschutzgebiets „Itelklippen“ bildet.

▶ Von der Ruine des ehemaligen Zisterzienserklosters Sancta Maria in **Walkenried** 01 führt der Klosterweg längs der Ruinen-Grünanlage ostwärts zur Wieda und erreicht beim Naturdenkmal **Kupferschieferaufschluss** eine Brücke. Auf der linken Seite der Wieda führt der Karstwanderweg am Ufer

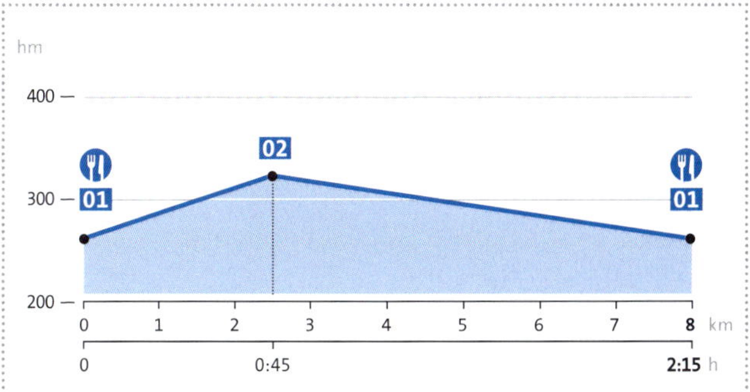

01 Walkenried, 260 m; 02 Himmelreich, 321 m

Walkenried

Den Mittelpunkt des Luftkurorts Walkenried bilden die gotischen Bauten des ehemaligen Zisterzienserklosters Sancta Maria. Während von der versunkenen Pracht der Kirche die eindrucksvolle Ruine der Westfassade kündet, sind die Klostergebäude fast vollständig erhalten, im kreuzrippengewölbten Kreuzgang finden im Sommerhalbjahr im Rahmen der Walkenrieder Kreuzgangkonzerte musikalische Veranstaltungen und Dichterlesungen statt. Das gotische Brunnenhaus (um 1350) im rechteckigen Innenhof erhielt sein Wasser aus der Wieda, von der ein Nebenarm das Gelände des Klosters durchfließt. Das um 1227 von Gräfin Adelheid von Klettenberg gegründete Kloster war Ende des 13. Jahrhunderts mit 80 Mönchen und 180 Laienbrüdern besetzt.

weiter flussabwärts, verlässt bald aussichtsreich den Wald und kurvt vor der Bahnlinie links. Geradeaus erhebt sich das von Laubwäldern bedeckte Himmelreich-Gipsmassiv, der Weiße Weg taucht in das **Naturschutzgebiet Itelteich** ein.
Im Mittelalter führten die Walkenrieder Mönche hier ein Stauprojekt durch, das aus einem Großerdfall (Polje) mit Karstquelle und Bachschwinde ein Fischgewässer entstehen ließ; heute ist dies ein technisches Denkmal und als Teil eines Naturschutzgebiets ein Eldorado für Wasservögel und zahlreiche weitere Tierarten.

Mächtige alte Buchen säumen den Weg hinauf auf die Anhöhe über dem Bahngleis, das im 300 m langen **Walkenrieder Tunnel** verschwindet. Unter Ihnen befindet sich die **Himmelreichhöhle** (unzugänglich).

In sachtem Anstieg führt der Wanderweg im Wald aufwärts zu einer Schutzhütte und schwingt hier in die Ostrichtung, oben auf der Höhe sind zwischen alten Buchen unten der Itelteich zu sehen sowie die Eisenbahnlinie, die in einem Höhlentunnel den Berg durchquert. Gleich darauf erreicht der Weg den geländergesicherten **Hexentanzplatz**, wo sich im **Himmelreich** **02** zwischen Akeleibeständen ein ausgezeichneter Blick über Ellrich hinweg auf die bewaldeten Berge des Südharzes bietet; auch das monumentale Kreuz auf dem Stolberg ist in Sicht.

Vom Hexentanzplatz senkt sich der Karstwanderweg im Laubwald durch die passagenweise wandartig steile Gipsflanke der **Itelklippen**, führt zwischen alten Bäumen über dem Südufer des Itelteichs westwärts und mündet am Ende des Naturschutzgebiets auf einen Asphaltweg. Dieser führt links am Gipssteinbruch vorbei, dort geht es rechts auf einem wegen des Gipsuntergrundes weißen Weg über die Wieda, die durch einen Laubwaldstreifen mäandert, längs der Wiedigshofer Straße kurz links und dann rechts in den Wald hinauf. Im Hang des Rösebergs schlängelt sich der Karstwanderweg nordwärts, und wenn er mit dem Hang westwärts kurvt, begleitet ihn bald ein Bach, hinter dem schilfgesäumte Fischteiche zu sehen sind. Am

Die Ruinen von Kloster Walkenried.

Kalkteich lädt eine Sitzbank zur Rast ein. Wenig später wendet sich der Karstwanderweg rechts, überquert die Gleise und führt zurück zur Klosterruine in **Walkenried** 01.

RHUMEQUELLE – ROTENBERG

An der größten Flussquelle Deutschlands

10 km | 3:00 h | 130 hm | 130 hm

START | Parkplatz An der Rhumequelle in Rhumspringe. Anfahrt auf der Landstraße Herzberg – Duderstadt. Bushaltestelle der Linie Herzberg – Rhumspringe.
[GPS: UTM Zone 32 x: 590.750 m y: 5.716.360 m]
CHARAKTER | Wald- und Panoramawanderung auf bequemen Wegen.

Von der Rhumequelle, einer der größten und am stärksten schüttenden Quellen Europas, führt diese Wald- und Panoramatour über den aussichtsreichen Rotenberg, der wundervolle Ausblicke auf die Süd- und Westharzberge sowie bis hin zum Brocken gewährt.

Vom Ausgangspunkt beim „Quellen-Restaurant" führt ein Asphaltweg waldeinwärts zur **Rhumequelle** 01. Das grünblau schimmernde Wasser der Karstquelle sammelt sich im Südhang des Rotenbergs in einem 30 m langen und bis zu 20 m breiten Quelltopf in einem Auenwaldgebiet von außergewöhnlicher Schönheit. In den artenreichen Quellwäldern haben seltene Vogel- und Tierarten wie Pirol, Wasseramsel, Eisvogel, Quellschnecke und Höhlenkrebs ein Rückzugsgebiet gefunden.

Über Jahrtausende hinweg war die Rhumequelle ein als sakral gedachter Ort, die ältesten Op-

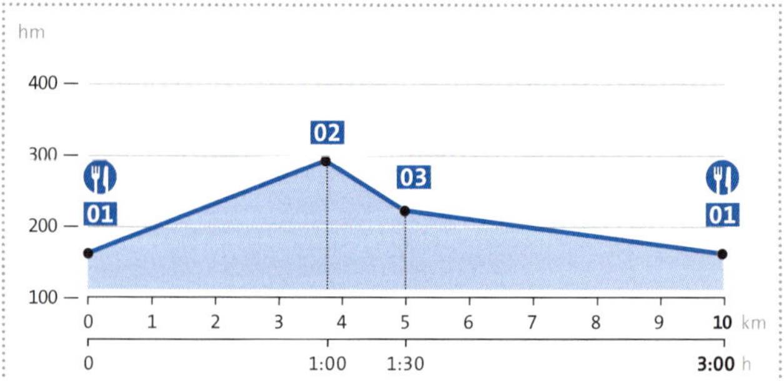

01 Rhumequelle, 160 m; 02 Harzblick, 290 m; 03 Verzweigung Landstraße, 220 m

ferfunde stammen von jungsteinzeitlichen Bandkeramikern aus der Zeit um 2000 v. Chr. Wir umrunden das Quellgelände rechts herum und entdecken nach Überqueren des Ausflusses die Mark. „x" des Europäischen Fernwanderwegs 6.

Am Ende des Quell-Naturschutzgebiets folgen wir dem Fernwanderweg und dem Karstwanderweg auf der Bornbergstraße, einem Forstweg, in sachtem Anstieg rechts durch die Laubwälder. Während der Karstwanderweg schon bald links hinauf abzweigt

Rotenberg

Der Rotenberg ist ein ca. 11 km langer Buntsandstein-Höhenzug, der wie ein Riegel das südwestliche Harzvorland vom Becken des Unteren Eichsfelds trennt. Während er nach Norden zu steil in das Bebertal abstürzt, wo im Mittelalter die Kaiserpfalz Pöhlde bestand, flacht sein von Tälern tief zerschnittener Südhang vergleichsweise sanft ab, und in einem dieser Täler entspringt die Rhume.

Dem bewaldeten Kamm des Rotenbergs folgt der Fastweg (Firstweg), ein seit Urzeiten existierender Höhenweg, neben dem sich zahlreiche Grabhügel aus der Bronzezeit finden sowie die Reste einer aus Ober- und Unterburg bestehenden Befestigungsanlage, die den Namen „König Heinrichs Vogelherd“ trägt.

An der Rhumequelle.

(unser Rückweg), wandern wir geradeaus weiter bis zu einer Schutzhütte am Waldrand und biegen hier links hinauf auf den fahrradfähigen Bohlweg ab, weiterhin geleitet von der Mark. „x“ des Europäischen Fernwanderwegs.

Oben auf der Höhe des **Rotenbergs** mündet der Bohlweg auf die für den öffentlichen Verkehr gesperrte Zufahrt des Jugendwaldlagers, und ihr folgen wir mit weiter **Aussicht** **02** links hinab (markiert mit dem „Speichenrad“-Zeichen des Eichsfeld-Rundwanderwegs und ausgeschildert als Radroute). Unten an der **Straße** **03** zweigen wir scharf links auf den mit dem Zeichen Rotstrich markierten Schotterweg ab und folgen dem Karstwanderweg am **Naturschutzgebiet Butterloch** (in einem Erdfallsee entstandenes Übergangsmoor) vorbei zurück zum E6 und dort links zur **Rhumequelle** **01**.

BAD LAUTERBERG – GR. KNOLLEN

Höhlen- und Aussichtstour am Südharzrand

15 km | 4:00 h | 407 hm | 407 hm

START | Parkplätze am Beginn der Lutterstraße in Bad Lauterberg; die Lutterstraße zweigt von der Bundesstraße 27 (Bahnhofstraße) ab. Anfahrt B 27 Göttingen – Herzberg – Bad Lauterberg. | Bahn: Linie Northeim – Nordhausen.
[GPS: UTM Zone 32 x: 601.000 m y: 5.721.060 m]
CHARAKTER | Wald- und Aussichtswanderung meist auf bequemen Wegen.

Vom Kurort Bad Lauterberg führt diese Wald- und Aussichtswanderung auf den Porphyrstock des Großen Knollen, auf dem ein Aussichtsturm exzellente Rundschau gewährt.

Im Kneippheilbad **Bad Lauterberg** 01 führt die Lutterstraße im Luttertal aufwärts – rechts erhebt sich steil der Hausberg, auf den eine Seilbahn führt –, bis links der mit „gelbes Dreieck“ markierte Wanderweg in das **Heibeektal** abzweigt. Bald wechselt der Weg in den Hang dieses Wald- und Wiesentals und führt unter dem Namen Roter Weg mit guten Aussichtsstellen zur ehem. Gaststätte **Himmelshöhe** 02 hinauf, wo sich bei klarer Sicht ein Panorama bis ins Eichsfeld und zum Thüringer Wald bietet.

Dort folgen wir dem Forstweg rechts weiter und gelangen zur

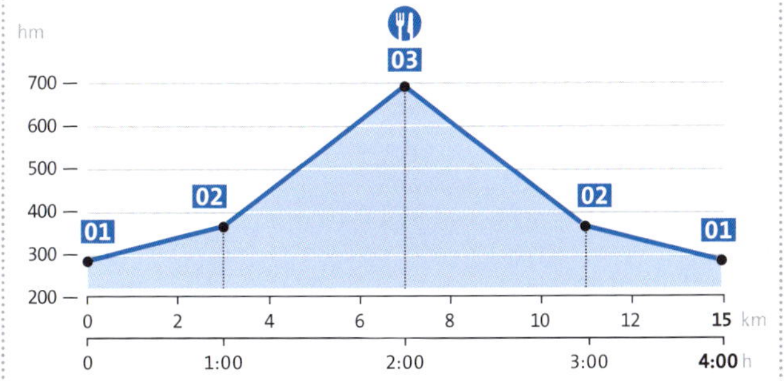

01 Bad Lauterberg, 280 m; 02 Himmelshöhe, 360 m;
03 Großer Knollen, 687 m

Aussicht vom Knollenturm

Der Porphyrstock des Großen Knollen (687 m) bietet eine großartige Aussicht auf die Berge und Kämme des Oberharzes bis hinauf zum Brocken sowie auf das südliche Harzvorland. Neben dem 1904 errichteten, steinernen Aussichtsturm, dem 20 m hohen Knollenturm, befindet sich eine Bergbaude.

Schutzhütte an der Wegspinne **Knollenkreuz**. Zu diesem Rastplatz führt außerdem von rechts aus dem Luttertal der mit dem Zeichen „Blaustrich" markierte Wanderweg herauf, und dieser Markierung folgen wir aufwärts Richtung „Knollen".

Gaben bislang bequeme Wege die Route vor, erfreut nun ein pfadartiger Weg, der über die **Scheffelstalsköpfe** und die **Großentalsköpfe** aufwärts führt und immer wieder mit hervorragenden Aussichten aufwartet. Schließlich kreuzt der Pfad einen Forstweg, vereinigt sich mit dem Europäischen Fernwanderweg 6 (Markierung „x"), und an den Hübichentalsköpfen vorbei erfolgt der Schlussspurt auf den **Großen Knollen** 03.

Der Abstieg folgt derselben Route wie der Aufstieg.

An den Felsen der Steinkirche.

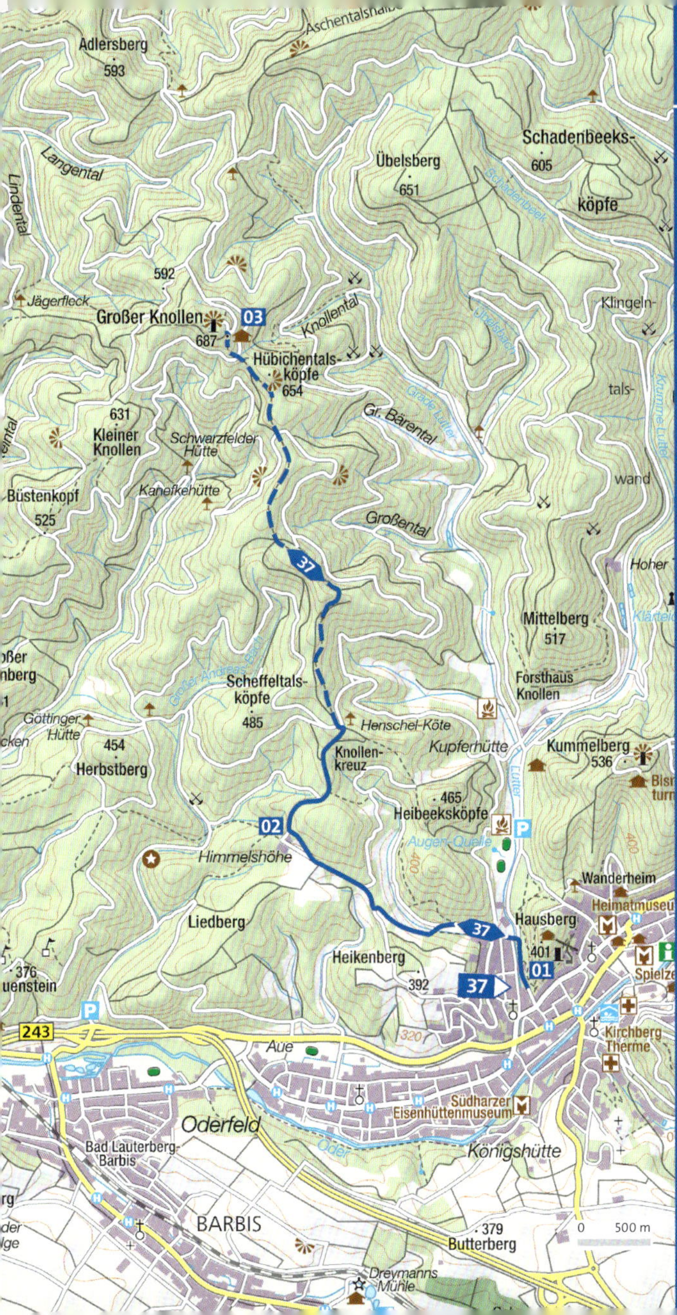
Aschentalshalbe
Adlersberg
593
Langental
Lindental
Übelsberg
651
Schadenbeeks-
605
köpfe
Schadenbeek
592
Jägerfleck
Großer Knollen
687
03
Knollental
Hübichentals-
köpfe
654
Klingeln-
tals-
wand
Übelsbach
Grade Lutter
Krumme Lutter
Gr. Bärental
631
Kleiner
Knollen
Schwarzfelder
Hütte
Kanefkehütte
Büstenkopf
525
Großental
37
Hoher
Mittelberg
517
Klärteich
Großer Andreas-Bach
Scheffeltals-
köpfe
485
Forsthaus
Knollen
Göttinger
Hütte
454
Herbstberg
Henschel-Köte
Knollen-
kreuz
Kupferhütte
Kummelberg
536
Lutter
465
Heibeeksköpfe
02
Himmelshöhe
Augen-Quelle
400
Wanderheim
Heimatmuseum
Liedberg
Hausberg
401
01
Heikenberg
392
Spielze
376
Kirchberg
Therme
243
Aue
320
Oderfeld
Südharzer
Eisenhüttenmuseum
Bad Lauterberg-
Barbis
Oder
Königshütte
BARBIS
379
Butterberg
0
500 m
Dreymanns
Mühle

ST. ANDREASBERG – BAD LAUTERBERG

Durch die Wälder über dem Odertal

17 km | 4:30 h | 401 hm | 841 hm

START | Parkplatz an der Tourist-Information Sankt Andreasberg Am Kurpark 9. Anfahrt B 27 Bad Lauterberg – Braunlage und abzweigen nach Sankt Andreasberg. | Bus: Linie Bad Lauterberg – Sankt Andreasberg.
[GPS: UTM Zone 32 x: 605.100 m y: 5.730.400 m]
CHARAKTER | Meist bequeme Wege im Wald.

Vom Luftkurort Sankt Andreasberg führt diese lange Streckenwanderung durch die Wälder über dem Odertal ins Kneippheilbad Bad Lauterberg im Südharz. Der heilklimatische Kurort und Wintersportplatz Sankt Andreasberg liegt am Westrand des Nationalparks Harz. Wahrzeichen der höchstgelegenen Oberharzer Bergstadt ist der Glockenturm auf dem aussichtsreichen Glockenberg. Seit 2011 ist Sankt Andreasberg Ortsteil der Stadt Braunlage.

▶ Vom Parkplatz am Kurpark und der Tourist Information **Sankt Andreasberg** **01** führt ein Fußweg zwischen der Straße Am Kurpark und der Rodelwiese nordostwärts zur Clausthaler Straße: Hier kurz rechts an der Kriegsopfergedenkstätte vorbei und vor der Abzweigung der Braunlager Straße links

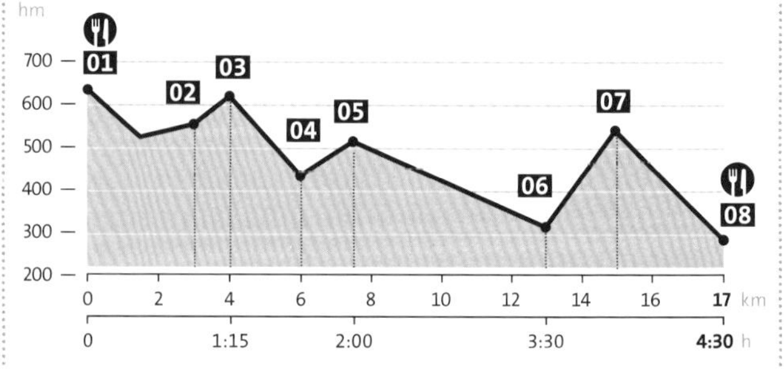

01 St. Andreasberg, 630 m; **02** Breitenbeektal, 550 m; **03** Kaisertalabzweigung, 615 m; **04** Stausee-Abzweigung, 430 m; **05** Waldschneise, 510 m; **06** Odertal, 310 m; **07** Kummelberg, 536 m; **08** Bad Lauterberg, 280 m

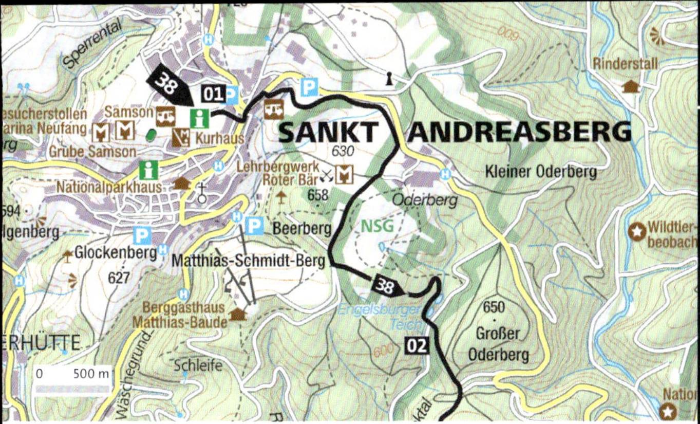

zum Wanderweg „blaues Dreieck“. Er folgt kurz der Braunlager Straße auf separatem Fuß-/Radweg und schwingt dann rechts hinab in den **Wäschegrund**.

Von hier führt der mit der Mark. „blaues Dreieck“ bezeichnete Wanderweg Harz–Eichsfeld– Thüringen (HET) weiter durch die aussichtsreichen **Andreasberger Bergwiesen**. Die Wiesen und Wälder rund um Sankt Andreasberg sind bei Kräuterkundigen wegen ihrer reichen Bestände an Bärlauch und Heilkräutern bekannt.

Nach Passieren einer Schwefelquelle erreicht der HET-Wanderweg die **Engelsburger Teiche**, die früher der Wasserversorgung der Silbererzgrube Engelsburg dienten. Nach Überqueren der Dammkrone des unteren Teichs und Queren der Straße im **Breitenbeektal** 02 geht es auf einem Pfad hinauf zum **Breitenberg** und dort an der **Wegverzweigung** 03 Kaisertal –Schweinetal rechts.

Der HET-Weg, nun ein gut ausgebauter Forstweg, führt vorbei an der **Stausee-Verzweigung** 04 zu einer **Waldschneise** 05 und wechselt in die bewaldeten Hänge oberhalb des Oderstausees, und leitet schließlich hinab in das **Odertal** 06. Nach dem ersten Zwischenabstieg nun wieder aufwärts und dann hinab zur Landstraße an der Mündung des **Sperrluttertals** (Bushaltestelle).

Hier verlassen wir den im Odertal bleibenden HET-Wanderweg (Abkürzung) und folgen dem Grünpunkt-Weg in einem letzten Anstieg hinauf zum **Bismarckturm** auf dem **Kummelberg** 07. Nun hinab nach **Bad Lauterberg** 08.

Farne sind häufige Wegbegleiter.

Gropenbornskopf
592
Hütte
Gr. Nie ntal
Gr. Koboltstal
Sperlutter
600
entalshalbe
627
Koboltstaler
Köpfe
673
Schadenbeeks-
605
köpfe
Übelsberg
651
Schadenbeek
Großes
Langental
Sperr-
lutter-
tal
Klingeln-
tals-
wand
Übelsbach
Krumme Lutter
Dicker
Forstmeister
601
Zieglers-
kopf
520
Grade Lutter
Gr. Bärental
Großental
Hoher Trost
Klärteiche
Mittelberg
517
Forsthaus
Flößwehr
Odertalsperre
38
06
Forsthaus
Knollen
Henschel-Köte
Kupferhütte
Knollen-
kreuz
Kummelberg
536
Odertal
Oder
Bismarck-
turm
07
Lutter
465
Heibeeksköpfe
Augen-Quelle
400
Dietrichstal
Wanderheim
Heimatmuseum
Klößbergskopf
Königstein
567
Hausberg
Vitamar
Kurpark
401
08
Heikenberg
392
38
Spielzeugmuseum
Scholben
575
Grillental
Kirchberg
Therme
BAD LAUTERBERG
im Harz
320
296
421
Kirchberg
Wiesenbek
Südharzer
Eisenhüttenmuseum
Wiesenbeker
Teich

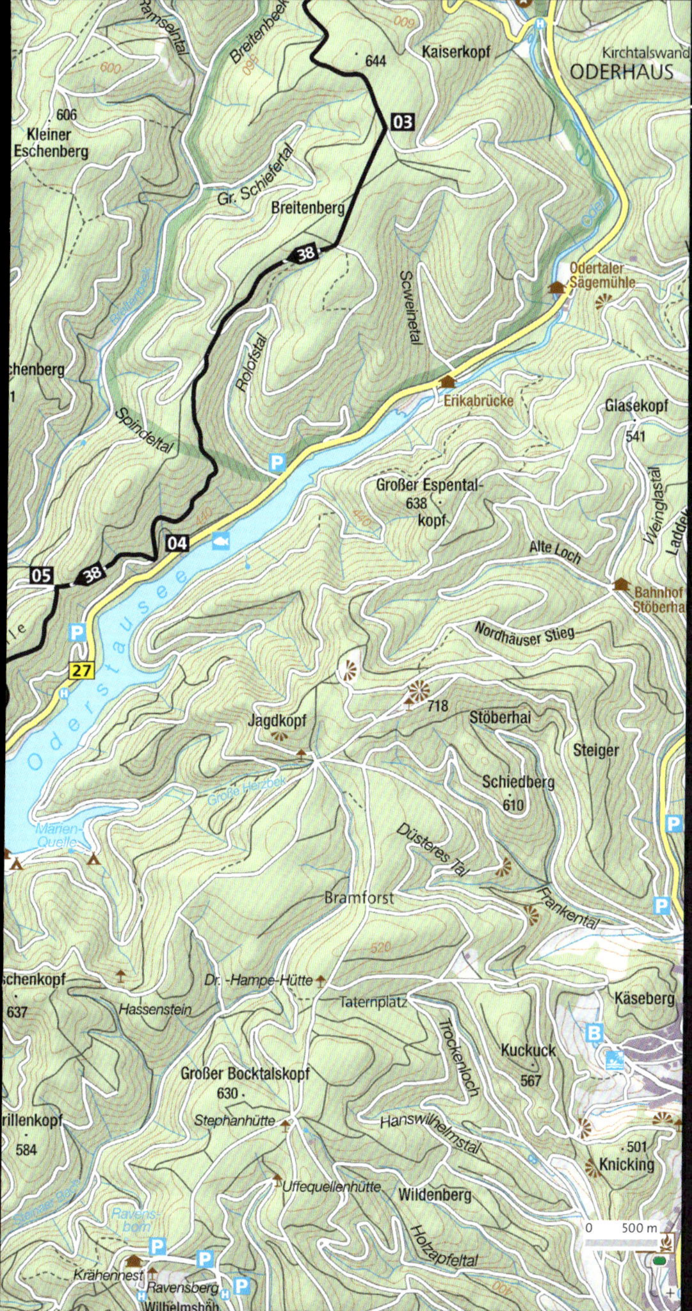
Ramselntal
Breitenbeek
Kaiserkopf
644
Kirchtalswand
ODERHAUS
606
Kleiner
Eschenberg
03
Gr. Schiefertal
Breitenberg
38
Odertaler
Sägemühle
Oder
Scweinetal
Rolofstal
Erikabrücke
Glasekopf
541
Spindeltal
Großer Espental-
638
kopf
Weinglastal
04
Alte Loch
05
38
Bahnhof
Stöberhai
Odertausee
Nordhäuser Stieg
27
718
Jagdkopf
Stöberhai
Steiger
Schiedberg
610
Große Herzbek
Marien-
Quelle
Düsteres Tal
Bramforst
Frankental
520
Dr. -Hampe-Hütte
637
Hassenstein
Taternplatz
Käseberg
Trockenloch
Kuckuck
567
Großer Bocktalskopf
630
584
Stephanhütte
Hanswilhelmstal
501
Knicking
Uffequellenhütte
Wildenberg
Ravens-
born
Holzapfeltal
0
500 m
Krähennest
Ravensberg
Wilhelmshöh

LONAU – HANSKÜHNENBURG

Zur Hanskühnenburg

10,5 km | 3:15 h | 461 hm | 461 hm

START | Lonau Freibad an der Straße Mariental; Lonau ist Ortsteil der Stadt Herzberg am Harz und ab Herzberg auf einer Stichstraße erreichbar. Buslinie Herzberg am Harz – Lonau.
[GPS: UTM Zone 32 x: 594.000 m y: 5.728.310 m]
CHARAKTER | Bergwanderung auf fast durchgehend bequemen Wegen.

Vom Luftkurort Lonau geht es hinauf in den Nationalpark Harz und zur aussichtsreichen Hanskühnenburg-Gaststätte auf dem Ackerkamm.

Vom Parkplatz am **Waldschwimmbad Lonau** **01** führt der mit dem Grünpunkt markierte Lonau-Rundwanderweg aufwärts im **Mariental** auf dem guten Forstweg Marientalstraße. An der Verzweigung **Dresselplatz** **02** wechselt die Marientalstraße rechts hinauf in den Hang des **Ackerkamms** und folgt ihm mit vielen Aussichtsstellen zur Wegekreuzung **Teilungspfahl** **03**.

Hier beginnt der Anstieg zur Aussichtsturm-Gaststätte **Hanskühnenburg** **04** bei der gleichnamigen Klippe.

Auf der für den öffentlichen Verkehr gesperrten Zufahrt geht es zurück zur Wegekreuzung Teilungspfahl, wo die Markierungen Blaustrich und Blaues Dreieck die Routenführung Richtung Lonau übernehmen: Der Forstweg Kirchtalstraße senkt sich ins Waldtal

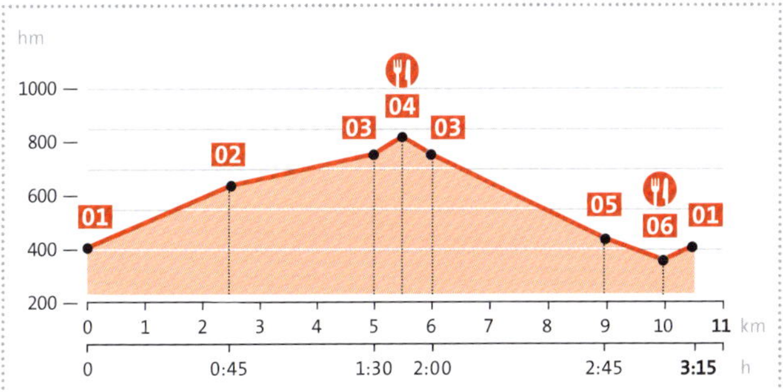

01 Lonau Freibad, 400 m; **02** Dresselplatz, 630 m; **03** Teilungspfahl, 745 m; **04** Hanskühnenburg, 811 m; **05** Lonau Waldpark, 430 m; **06** Lonau Ort, 350 m

Auerhahn-Schaugehege Lonau

Das Auerhahn-Schaugehege des Nationalparks Harz befindet sich am Rand des Luftkurorts Lonau am Südfuß des Ackerkamms. Von der Nationalpark-Informationsstelle und der Rangerstation im Dorfgemeinschaftshaus führt ein Spazierweg in einer Viertelstunde zu den Volieren mit Auer-, Birk- und Haselhühnern. Das Auerhuhn ist als „Auerhahn" der heimliche Symbolvogel des Harzes. Der Goslarer Stadtteil Hahnenklee ist nach diesen Raufußhühnern ebenso benannt wie noch mancher Gasthof. Die bekannteste Brauerei im Harz, Hasseröder, hat den Auerhahn als Wappenvogel.

der Großen Lonau. Wenn er am Waldparkplatz Lonau in die **Wiesen** **05** hinausführt, ist es nicht mehr weit ins Zent-rum des kleinen Luftkurorts **Lonau** **06**. Die Marientalstraße führt rechts zurück zum Ausgangspunkt am Waldschwimmbad Lonau.

Am Hanskühnenburg-Felsen.

ALTENAU – SIEBER – BARBIS

Auf dem E 6 durch den Nationalpark Harz

26 km 7:30 h 717 hm 927 hm

START | Kirche am Markt im Zentrum von Altenau in der Nähe des Busbahnhofs. Anfahrt B 498 Goslar – Oker – Altenau – Osterode. Regionaler Busverkehr.
[GPS: UTM Zone 32 x: 599.770 m y: 5.740.160 m]
CHARAKTER | Fast durchgehend bequeme Wald- und Höhenwanderung, jedoch mit einigen Auf- und Abstiegen.

Vom Luftkurort und Wintersportplatz Altenau führt diese recht lange Streckenwanderung auf dem fast durchgehend fahrradfähigen Europäischen Fernwanderweg (E 6) durch den Süden des Nationalparks Harz über den aussichtsreichen Ackerkamm, durch das Siebertal und über den Großen Knollen nach Barbis, einen Ortsteil von Bad Lauterberg im Südharz.

Von der Kirche in der Ortsmitte von **Altenau** 01 folgt der mit „x" markierte E 6 der Oberstraße im Tal der Großen Oker bergwärts, führt oben kurz längs der Bundesstraße an der Jugendherberge vorbei und zweigt dann links hinauf (Roseweg) in das Altenauer Wintersportgebiet ab, ehe am Grabenhaus Rose der **Dammgraben**, der bedeutendste der Oberharzer Wassersammelgräben, überquert wird und der **Nationalpark Harz** beginnt.

Längs der Nationalparkgrenze führt der Europäische Fernwan-

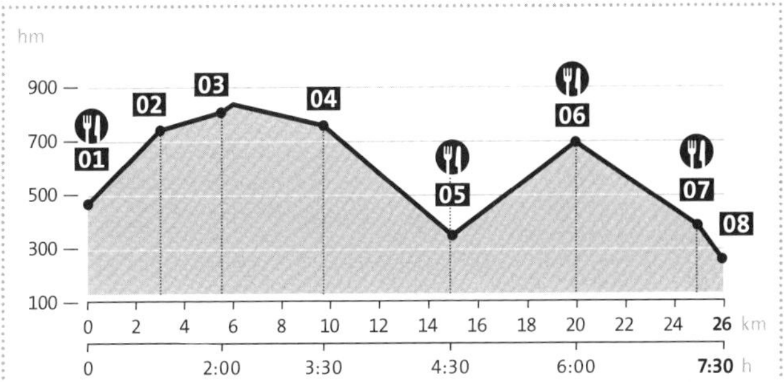

01 Altenau, 460 m; 02 Schusterklippe, 734 m; 03 Stieglitzecke, 800 m; 04 Verzw. Ackerstraße, 750 m; 05 Sieber, 340 m; 06 Großer Knollen, 687 m; 07 Ruine Scharzfels, 376 m; 08 Barbis, 250 m

ALTENAU
Sageholzkopf
537
550
Schwarzes Wasser
Grünes Tal
Kellwasser
Finkental
Schwarzenberg
Zauberquel
Wellner Weg
"Wunder in Holz"
Köte Brockenblick
Kräuterpark
Schneidewasser
Schultal
Skistadion
Lilie
Mühlenberg
Rothenberg
Heimat-stube
Kunstberg
Polstertaler Zechenhaus
Therme "Heißer Brocken"
Okerteich
573
Kunstberg
Hüttenteich
Discgolf
Dammgr.
Silberbr.
Grabenhaus Rose
Fohlenbrink
Gustav-Baumannweg
Kleine Oker
Altenau
Rotenbeek
Große Oker
Okerstein
Sperberhai
Schusterklippe
Branderklippe
Philippbrücke
498
Eisen-Quelle
Dammgraben
Pavillon
Schwefel-Quelle
242
Ifenkopf
669
Voßhai
Stieglitzecke
Magdeburger Hütte
Harz-Hochstraße
Siebenwochen-klippe
Hammerstein-klippen
Sösestein
Beckerh
Morgenbrodshütte
Gr. Wehr
Schwarze Schluft
Wolfskopf
669
Am Rinderstall
Gr. Morgenbrodstal
Wolfsklippen
Reitstieg
Jordans-brücke
Schlufter Kopf
Ackerstraße
Mönchskappe
Mönchskappen-klippe
Auerhahn-platz
40
01
02
03

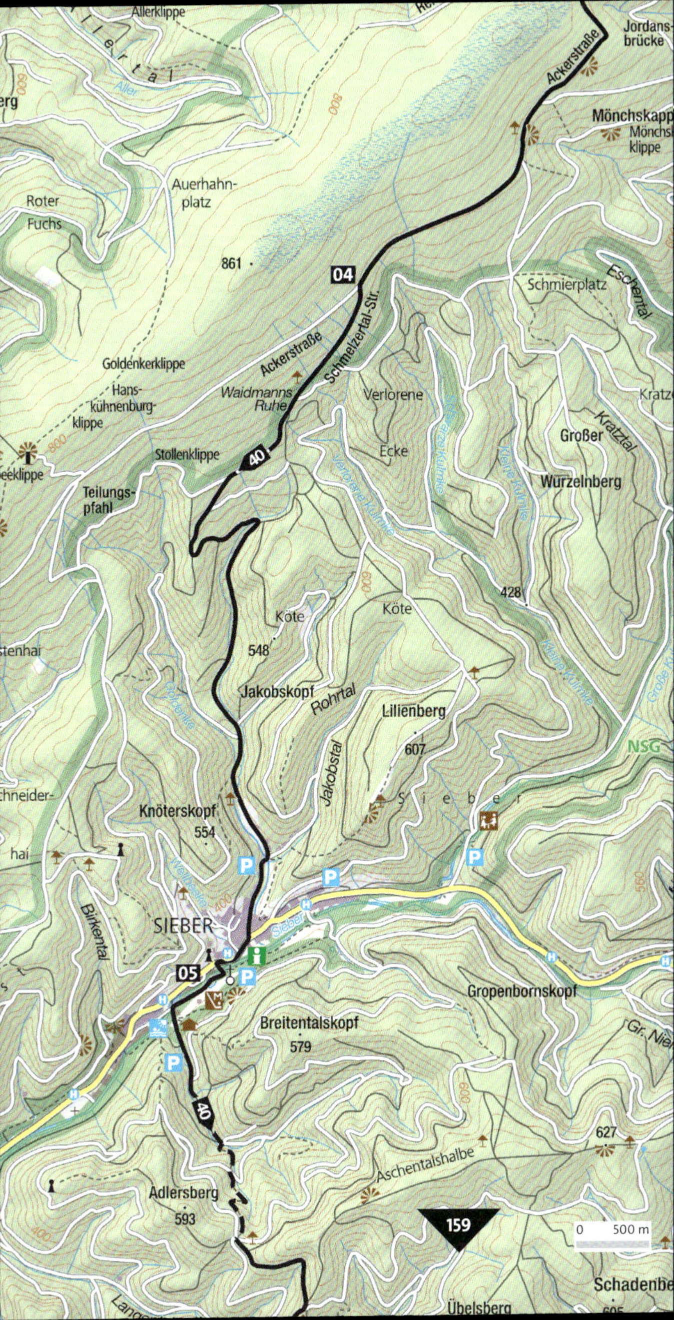
Allerklippe
Allertal
Aller
Jordans-
brücke
Ackerstraße
Mönchskapp
Mönchs
klippe
Auerhahn-
platz
Roter
Fuchs
861
04
Schmierplatz
Eschental
Ackerstraße
Schmelzertal-Str.
Goldenkerklippe
Hans-
kühnenburg-
klippe
Waidmanns
Ruhe
Verlorene
Ecke
Kratzt
Kratztal
Großer
Wurzelnberg
Stollenklippe
40
Teilungs-
pfahl
Verlorene Kulmke
Schwarze Kulmke
Kleine Kulmke
428
Köte
548
Köte
Jakobskopf
Rohrtal
Lilienberg
607
Kleine Kulmke
NSG
Jakobstal
Sieber
Knöterskopf
554
SIEBER
Sieber
05
Gropenbornskopf
Breitentalskopf
579
40
627
Aschentalshalbe
Adlersberg
593
0 500 m
Schadenbe
Übelsberg
Birkental

159

derweg E 6 aufwärts, an der ausgeschilderten **Schusterklippe** 02 bietet sich eine exzellente Aussicht auf die Hochfläche rund um Clausthal-Zellerfeld.

Nach Queren der B 242 an der **Stieglitzecke** 03 an der Magdeburger Hütte bei der **Hammersteinbaude** (Unterstellmöglichkeit, Parkplatz) beginnt der Aufstieg auf den Ackerkamm.

Der E 6 verlässt den **Ackerkamm** 04 und den Nationalpark bald wieder (bei guter Sicht lohnt sich ein Abstecher zur aussichtsreichen **Hanskühnenburg**, siehe Tour 39) und führt im Wald hinab in den Luftkurort **Sieber** 05 im Siebertal.

Von hier führt der E 6 hinauf zum Aussichtsturm (Einkehr) auf dem **Großen Knollen** 06 und wie Tour 37 hinab zur mächtigen Ruine **Scharzfels** 07.

Von Burg Scharzfels senkt sich der E 6 ins Odertal, unterquert die autobahnähnlich ausgebaute Bundesstraße 27 und erreicht nach Überqueren der Oder den Bad Lauterberger Ortsteil **Barbis** 08 mit der Bushaltestelle Abzweig Oderfeld an der Barbiser Straße.

Die Steinkirche bei Scharzfeld.

Breitentalskopf
579
157
40
Aschentalshalbe
Adlersberg
593
Paradies
Wand
Langental
Lindental
Übelsberg
651
462
Höxterberg
584
Lübbers-
buche
Jägerfleck
592
Großer Knollen
687
06
Knollental
Otto-
platz
Hübichentals-
köpfe
654
Gr. Bärental
631
Kleiner
Knollen
Schwarzfelder
Hütte
Eichelnkopf
546
Steintal
Büstenkopf
525
Kanefkehütte
Großental
Stern
Großer
Ruhenberg
431
Scheffeltals-
köpfe
485
Großer Andreas Bach
Göttinger
Hütte
Dreibrücken
454
Herbstberg
Henschel-Köte
Knollen-
kreuz
465
Heibeeksköpfe
Bramke
Himmelshöhe
Augen-Quelle
Brandköpfe
391
Einhorn-
höhle
Liedberg
07
Ruine
Scharzfels
376
Frauenstein
08
Heikenberg
392
27
243
Aue
0
500 m
Oderfeld
Bad Lauterberg-
Eisenhüttenmus

ODERTEICH – HAHNENKLEEKLIPPEN

Hoch über dem Odertal

22 km | 5:45 h | 370 hm | 370 hm

START | Parkplatz am Oderhaus, an der Abzweigung der Straße Richtung Sankt Andreasberg; Anfahrt B 27 Bad Lauterberg – Braunlage. Bushaltestelle der Linie Sankt Andreasberg – Bad Lauterberg/Braunlage.
[GPS: UTM Zone 32 x: 608.200 m y: 5.728.500 m]
CHARAKTER | Bequeme Wald- und Aussichtswanderung auf fast durchgehend fahrradfähigen Wegen.

Vom Oderhaus führt diese Talwanderung durch das tief eingeschnittene obere Odertal zum Oderteich, dem ältesten Oberharzer Stauteich, und über die aussichtsreichen Hahnenkleeklippen zurück.

▶ Vom **Oderhaus** 01, Sitz einer Außenstelle der Nationalparkverwaltung, gibt die nächsten zwei Stunden das autofreie, von steilen Berghängen und Felsen flankierte **Odertal** die Route vor. Der fahrradfähige Weg auf dem Grund des tief eingeschnittenen und dennoch weit und offen wirkenden Tals ist mit der Markierung „grünes Dreieck“ bezeichnet. Wo früher bei der Einmündung des Kellwassertals die Andreasberger Kuhhirten Rinder betreuten, lädt die Nationalpark-Gaststätte **Rinderstall** 02 zur Einkehr ein.

Der Weg führt weiter aufwärts, links überragt der **Rehberg** das

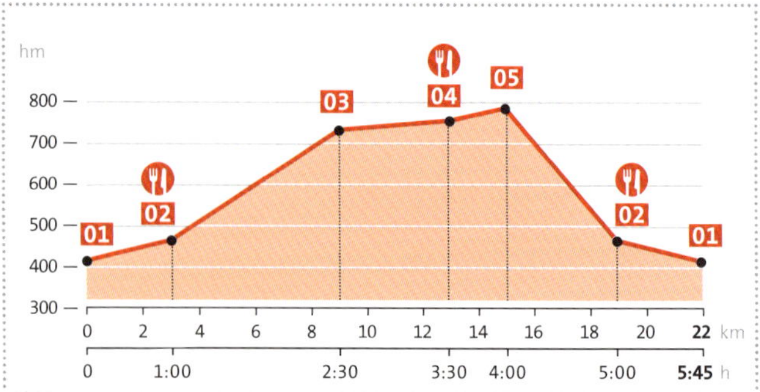

01 Oderhaus, 410 m; 02 Rinderstall, 460 m; 03 Oderteich, 727 m; 04 Königskrug, 750 m; 05 Hahnenkleeklippen, 780 m

Oderteich
03
Harz-Hochstraße
Erlebnisstr. d. dt. Einheit
Kaiserweg
926
Achtermanns-
höhe
Achter-
mannsbrunnen
Königskopf
Moorweg
Bruchweg
Dt. Fachwerkstr.
Moos-
brücke
Königsbruch-Straße
KÖNIGSKRUG
04
Schul-
landheim
242
Alte Harzburger Straße
R. Meyer-Weg
Kleiner
853
Sonnenberg
Skikreuz
Rehberg
890
Hohe
Klippen
Goethe-
platz
Odertalstraße
Oder
Hahnenklee-
klippen
05
Brunnenbach
Internat
Haus Sonnenberg
Rehberger Planweg
Rehberger
Grabenhaus
Lochstr.
Alte Herrenlinie
Hahnenkleer
Silberteich
Stöttertalstraße
Kaiserweg
NSG
Rinderstall
02
Kinderheim
Waldmühle
SANKT ANDREASBERG
630
Kleiner Oderberg
Lehrbergwerk
Roter Bär
658
Oderberg
Beerberg
NSG
Wildtier-
beobachtungsstation
Schlosskopf
624
Kutschfahrten
27
Engelsburger
Teich
650
Großer
Oderberg
Nationalparkverwaltung
Ramseltal
Breitenbeektal
644
Kaiserkopf
01
41
Kirchtalswand
ODERHAUS
0
500 m

Variante Rehberger Graben

Vom Oderteich kann man auch den Rückweg längs des Rehberger Grabens wählen – ein fast eben verlaufender, reizvoller Wanderweg, der in die Bergstadt Sankt Andreasberg führt. Von dort kehrt man mit dem Bus zurück zum Ausgangspunkt.

Tal, und wir erreichen den idyllischen **Oderteich** 03 – ein schöner Platz für eine Rast. Schon in der Serpentine kurz vor Erreichen des Oderteichs zweigt rechts unser Rückweg ab: Ein mit „gelbes Dreieck" markierter Forstweg führt hoch über dem Talgrund zur Gaststätte **Königskrug** 04. Kurz vor der Bundesstraße zweigt rechts die fahrradfähige Hahnenkleer Waldstraße (blaues Dreieck) zu den **Hahnenkleeklippen** 05 (kurzer Abstecher vom Hauptweg) ab: Sie bieten einen prachtvollen Blick auf das Odertal sowie zum jenseits aufragenden Rehberg mit den Hohen Klippen und dem im Hang verlaufenden Rehberger Graben.

Wir folgen weiter der Hahnenkleer Waldstraße, bis an einer Sitzbank rechts der Weg durch das Drecktal abzweigt (rotes Dreieck). Unten erreichen wir wieder die Gaststätte **Rinderstall** 02 und kehren zurück zum Ausgangspunkt.

Blick über das tief eingeschnittene Odertal hinüber zum Rehberg.

SPERBERHAIER DAMMHAUS

Am Dammgraben hoch über Altenau

19 km | 5:30 h | 180 hm | 180 hm

START | Kirche am Markt im Zentrum von Altenau. Anfahrt B 498 Goslar – Oker – Altenau – Osterode. Regionaler Busverkehr; Busbahnhof liegt in der Nähe des Ausgangspunkts.
[GPS: UTM Zone 32 x: 599.770 m y: 5.740.160 m]
CHARAKTER | Leichte Waldwanderung auf fast durchgehend bequemen Wegen.

Längs des technischen Kulturdenkmals Dammgraben führt diese idyllische Wanderung zum Sperberhaier Dammhaus.

An der Straßenkreuzung bei der Kirche in der Ortsmitte von **Altenau** 01 geht es kurz längs der Landstraße Richtung Torfhaus aufwärts in das von der Altenau durchflossene Schultal, und vor dem Wanderparkplatz **Schultal** links in die ruhige Straße An der Bornkappe, von der wenig später der Wellner-Fahrweg abzweigt, ein beliebter Skiwanderweg, der stetig an Höhe gewinnt und am Schachtkopf den **Dammgraben** 02 und den **Hexenstieg** erreicht.

Hier ist es empfehlenswert, dammgrabenaufwärts auf dem wildromantischen Magdeburger Weg den Abstecher zum **Nabentaler Wasserfall** zu unternehmen: Weg und Graben folgen dem steilen, felsdurchsetzten Hang (1,5 Std. hin und zurück).

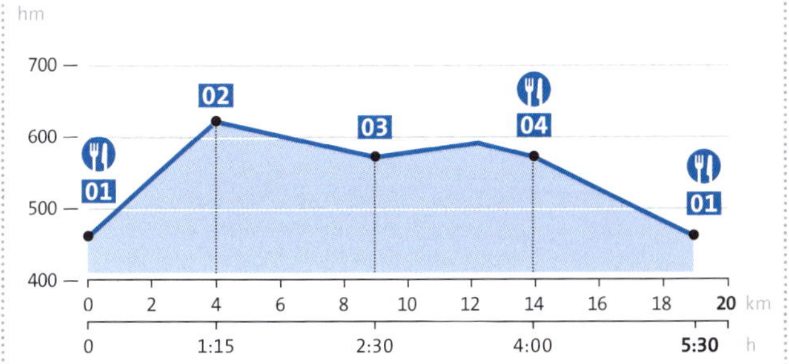

01 Altenau, 460 m; 02 Dammgraben, 620 m; 03 Grabenhaus Rose, 570 m; 04 Sperberhaier Dammhaus, 570 m

schulenberg
Mittelschulenberg
446
Schnabeltal
Mittelberg
Schalke
520
480
Dietrichsberg
Weißwasserweg
Vorbecken
Lange
550
Kl. Mönchstal
Grünes Tal
Schwarzes Wasser
560
Hemmstelle
ALTENAU
"Wunder-in-Holz"
Köte
Brockenblick
42
520
Hellertal
Hellertaler Graben
Rothenberg
560
Fortuner Teich
Coventshai
Polstertaler
Zechenhaus
Heimat-
stube
Polstertaler Teich
Therme
"Heißer Brocken"
Hüttenteich
Discgolf
Polsterberger
Hubhaus
Polsterhai
Polstertal
Dammgraben
42
Rotenberg
595
Fohlenbrink
Totemännertal
600
42
Rotenbeek
960
Sperberhai
498
42
607
Gr. Kautztal
Sperber-
haier
Dammhaus
Schwarzenberg
Dammgraben
Eisen-
04
Schwefel-Quelle
Pavillon
Schwarzes Tal
Deutsche Fachwerkstraße
Großer
Mittelberg
569
24
Ifenkopf
669
Kleine Söse
Große Söse
Voßhai
Siebenwochen-
klippe
Hammerstein-
klippen
Kamschlacken
Wolfstal
Wolfskopf
669
Am
Rinderstall
Gr. Morgenbrodstal
Allerberg
Wolfsklippen
651
Hühnerkopf
Reitstieg

519
Kalbekopf
548
Ochsenberg
431
Unteres Renntal
Oberes Renntal
Lichtenborg
4
Kellwasser
673
Finkental
Schwarzenberg
Zauberquelle
Ochsenberg
Großes Spritzental
Wellner Weg
42
Mittelberg
667
Kräuterpark
Schachtkopf
626
Skistadion
Lilie
Schneidewasser
Jungfernklippe
774
Mühlenberg
Förster-Ludwig-Platz
02
Dammgr.
Kellwasser
Magdeburger Weg
Kunstberg
Okerteich
573
Butterstieg
Steile Wand
Dammgr.
Silberbr.
Gustav-Baumannweg
Kleine Oker
Altenau
Skikreuz
Wolfswarte
918
Große Oker
Oberer Bruchbergweg
927
Skikreuz
Okerstein
Bruchberg
Philippbrücke
Branderklippe
800
Clausthaler Flutgraben
Stieglitzecke
Magdeburger Hütte
Harz-Hochstraße
Deutsche Fachwerkstraße
Beckerhai
Lange Schluft
Schwarze Schluft
SONNENBERG
Sonnenberger Wegehaus
Sonnenkopf
0
500 m
838

Der Hexenstieg folgt dem Dammgraben westwärts zum **Förster-Ludewig-Platz** mit dem Gedenkstein für die gefallenen Harzer Waldarbeiter und der Schachtkopf-Schutzhütte. Weg und Graben verlaufen weitgehend eben im Hang, kreuzen die Wasserläufe Altes und Neues Schneidwasser sowie die Landstraße Altenau–Torfhaus, danach führt der Graben in die Täler von Altenau, Kleiner und Großer Oker, zwischen den Tälern umrundet er immer wieder Bergnasen, von denen der Blick auf die Bergstadt im Tal hinabschweift, am Silberbrunnen stürzt der Graben in ein „Tosbecken" hinab.

Am **Grabenhaus Rose** 03 kann man den Dammgraben verlassen und nach Altenau zurückwandern, der Dammgrabenweg hingegen (weiterhin Hexenstieg) führt noch 5 km weiter bis zum Sperberhaier Dammhaus: An der Eisenquelle vorbei leitet er zu einem Parkplatz an der B 498, quert die Bundesstraße und erreicht wenig später das **Sperberhaier Dammhaus** 04.

An dieser Gaststätte besteht die Möglichkeit, mit dem Bus nach Altenau zurückzufahren. Vom Sperberhaier Dammhaus leitet die Mark. „Blaustrich" längs des Sperberhaier Damms weiter in den Schlussbereich des **Totemännertals**.

An der Verzweigung folgen wir den Schildern durch das Totemännertal zurück nach **Altenau** 01.

Blumenpracht an den gut ausgebauten Wegen.

BUNTENBOCKER TEICHE – INNERSTESPRUNG

Zur Quelle der Innerste

12 km | 3:00 h | 250 hm | 250 hm

START | Parkplatz an der Kurverwaltung in Buntenbock. Anfahrt B 241 Goslar – Osterode, südlich von Clausthal-Zellerfeld abzweigen. | Bus: Haltestelle Buntenbock Kurverwaltung der Linie Clausthal-Zellerfeld – Osterode – Northeim.
[GPS: UTM Zone 32 x: 591.700 m y: 5.737.150 m]
CHARAKTER | Leichte, ruhig-idyllische Teiche- und Waldwanderung.

Vom ruhigen Luftkurort Buntenbock führt diese Teiche- und Waldwanderung zur Quelle der Innerste.

▶ Vom Parkplatz an der Kurverwaltung (darin das Klöppelmuseum) in **Buntenbock** 01 folgen wir der Fuhrherrenstraße – der Name erinnert daran, dass der Ort früher ein Fuhrherrendorf war – abwärts und biegen links in den Kurpark ab. Am Ende gehen wir auf der Straße kurz aufwärts und zweigen rechts in den Pixhaier Weg ab, wobei nun die Mark. „Grünpunkt" die Route weist. Am Sumpfteich am Ortsrand beginnt eine aussichtsreiche Uferpromenade, über Anlage und Zweck der Teiche informieren Lehrtafeln des WasserWanderWegs.

Vom Teich, in dem auch geangelt wird, führt der idyllische Wander-

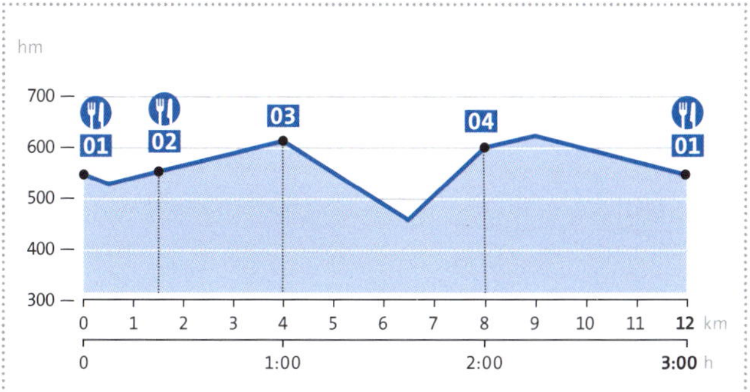

01 Buntenbock, 544 m; 02 Pixhaier Mühle, 550 m; 03 Innerstesprung, 610 m; 04 Braunseck, 597 m

Namenskunde

Im Harz werden noch viele Quellen mit dem alten Wort „Sprung" bezeichnet (Eckersprung, Bodesprung, Innerstesprung), an dessen Stelle vielerorts erst später das Wort „Quelle" trat. In einer langen Rinne wird am Innerstesprung das Quellwasser auf dem Grund eines gut zwei Meter eingeschnittenen Kerbtals aus dem Berg und dem Entensumpf zugeleitet; letzterer ist ein aufgelassener Bergbauteich.

weg, an dem mehrere Bänke zur Rast laden, weiter durch Wiesen, links begleitet vom Flambacher Mühlengraben, zur **Pixhaier Mühle** 02. Oberhalb dieses Ausflugsrestaurants geht es weiter im Wald, wobei wir links unten die Wasserfläche des 1674 als Mühlenteich angelegten **Pixhaier Teichs** zwischen den Bäumen schimmern sehen.

Vor einem Campinggelände wendet sich der Weg rechts und führt an der Forststraße durch das urtümliche Feuchtwaldgebiet **Lange Brüche**.

Schließlich mündet der Weg auf den Harzer Hexenstieg und folgt diesem, bis er zum Oberen **Nassewieser Teich** abzweigt. Eine Sitzbank lädt an diesem waldumrahmten Teich zur Rast.

Wir überqueren den Damm und erreichen dahinter im Wald eine Verzweigung, an der wir links auf den Pfad, später Weg, Richtung Innerstesprung wechseln. Vom Weg zweigt bald ein Pfad rechts hinauf ab zum Entensumpf und wendet sich rechts zum **Innerstesprung** 03. Wir folgen dem Pfad zurück zum Nordende des Teichs

Farnwildnis am Innerstesprung.

und wechseln hier an der Infotafel rechts auf die aufwärts führende Forststraße.

Nach Überschreiten eines Rückens wendet der Weg sich rechts und führt hoch über dem Huttal teils aussichtsreich durch die lichten Hangwälder des Kehrzugs. An einem aufgelassenen Steinbruch wandern wir in sachtem Abstieg durch die Wälder. Nach Überqueren des Bachs am Ende gehen wir rechts hinauf auf einem Forstweg durch das Hangetal, passieren oben den Brautbrunnen (Sitzbank) und erreichen die Wegspinne **Braunseck** **04** mit Schutzhütte.

Neben ihr führt ein Forstweg Richtung Buntenbock weiter, zunächst in sachtem Anstieg, ehe das Gelände einflacht. Dann senkt sich der breite Weg hinab nach **Buntenbock** **01**, zuletzt schön in den Wiesen am Ziegenberg.

WILDEMANN – IBERG

Waldwanderung zur Iberger Tropfsteinhöhle

9 km | 3:00 h | 179 hm | 179 hm

START | Parkplatz in Wildemann unterhalb der Ortsmitte an der Durchgangsstraße (Hindenburgstraße) Richtung Lautenthal. Anfahrt B 242 Seesen – Clausthal-Zellerfeld. Regionaler Busverkehr. [GPS: UTM Zone 32 x: 588.080 m y: 5.742.670 m]
CHARAKTER | Leicht, aber mit verhältnismäßig steilem Aufstieg.

Vom Kneippkurort Wildemann im Innerstetal leitet diese Waldwanderung zum Aussichtsturm auf dem Iberg und zur Iberger Tropfsteinhöhle, eine der großen Schauhöhlen des Harzes.

Vom Parkplatz an der Hindenburgstraße unterhalb der Ortsmitte von **Wildemann** 01 geht es längs der Durchgangsstraße aufwärts, bis kurz vor der Bushaltestelle an der Kurverwaltung die Seesener Straße rechts Richtung Kirche abzweigt. Sie ist markiert mit „blau-x“ und führt zwischen Harzer Holzhäusern rasch aufwärts. Die Kirche bleibt links liegen, aussichtsreich leitet der Weg geradeaus dem Wald zu, rechts fällt der Blick in das windungsreiche Innerstetal.

Am letzten Haus tritt der Seesener Weg in den Wald ein, weiterhin rasch an Höhe gewinnend, an der Verzweigung geradeaus, und verwandelt sich in einen pfadartigen Wiesenweg, an dem die Mark. „blau-x“ im nächsten Waldstück signalisiert, dass der Weg der richtige ist.

Der Blick ins Tal unterstreicht, dass wir schon gut an Höhe gewonnen

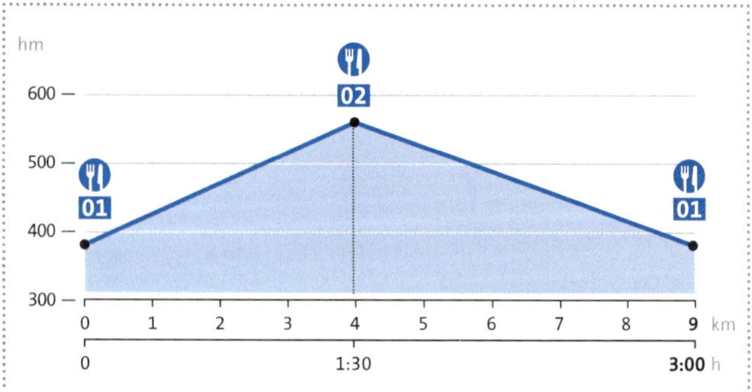

01 Wildemann, 379 m; 02 Iberg, 558 m

haben, doch der Pfad strebt weiter aufwärts und erreicht eine Verzweigung, an der Sitzbänke und Tisch zum Verschnaufen einladen mit Blick hinab auf das Innerstetal und die Häuser von Wildemann.

Der Pfad führt weiter aufwärts, quert am **Köppelplatz** einen Weg (Sitzbank) und erreicht die **Tillyschanze**. Sie wurde 1626 von den Kaiserlichen am damaligen Hauptweg nach Wildemann als Flankenschutz gegen Westen angelegt und im Siebenjährigen Krieg zur Verteidigung gegen die Franzosen wieder instand gesetzt.

Wenig später treffen wir auf der nächsten Kuppe, dem Decherberg (Moltkewarte), auf einen Forstweg, der geradeaus abwärts zum **Keller** führt, einer Wegspinne mit Schutzhütte. Von hier leitet ein

mit „Gelbstrich“ markierter Forstweg in sachtem Anstieg – zwischendurch lädt eine Bank zu recht aussichtsreicher Rast – zur Wegspinne **Spinne** (Sitzbank). Hier geht es rechts hinauf zur Waldgaststätte **Iberger Albertturm**.

Auf einem steilen Weg geht es nun durch den Südhang des **Ibergs** 02 zur **Iberger Tropfsteinhöhle** und von dort auf einem Waldweg zum **Schweinebraten**, einer Wegspinne mit einer Grillhütte im Stil einer Köhlerhütte.

Von der Wegspinne führt ein breiter Holzabfuhrweg (Mark. „grünes Dreieck“) abwärts. Wir verlassen ihn gleich darauf in der Linkskurve und folgen nun dem „grünen Dreieck“ geradeaus auf einem Waldweg, der steil in das Bärenhöhlental hinabführt und sich dort verzweigt: Ein Strang leitet als Pfad im diesseitigen Hang durch die Wälder, der andere mündet auf die geschotterte Forststraße. Ruhig leitet dieser Bärenthaler Weg durch die Wälder, begleitet vom Rauschen eines Bachs, und trifft bei einer Sitzbank auf eine Verzweigung.

Wer hier halb links hinauf über den aussichtsreichen **Gallenberg** geht, hat noch einen kurzen Anstieg vor sich, spart sich jedoch die Straßenpassage in **Wildemann** 01.

Wer der Forststraße abwärts folgt, trifft unterhalb eines Wassertretbeckens auf die Bushaltestelle „Brunnen“ und folgt der Straße längs der Innerste zum Besucherbergwerk 19-Lachter-Stollen und weiter ins Zentrum der ehemaligen Bergstadt Wildemann.

An der „Spinne“ bei Iberg.

INNERSTESTAUSEE – LAUTENTHAL

Am bedeutendsten Wassersportsee des Oberharz

15 km | 4:00 h | 285 hm | 230 hm

START | Parkplatz an der Staumauer des Innerstestausees. Anfahrt B 82 Goslar – Langelsheim. | Bus: Langelsheim – Lautenthal. [GPS: UTM Zone 32 x: 589.310 m y: 5.752.040 m]
CHARAKTER | Aussichts- und Waldwanderung auf bequemen Wegen.

Von der Innerstetalsperre führt diese Aussichts- und Laubwaldtour am bedeutendsten Wassersportsee des Oberharzes entlang und auf die bewaldeten Höhen über dem Innerstetal, ehe der Abstieg nach Lautenthal beginnt.

▶ Vom Parkplatz am **Innerstestausee** 01 führt die Markierung „x" des Europäischen Fernwanderwegs 11 über den 750 m langen, aussichtsreichen Damm, der die Innerste zum Zweck des Hochwasserschutzes und der Energiegewinnung staut. Nach Überqueren der Staumauer geht es auf der Promenade über dem Ufer des Innerstestausees südwärts, Sitzbänke laden zur Rast; zahlreiche Stellen zum Sonnenbaden und Baden.

An der ersten tiefer eingeschnittenen Bucht zeigen die Wanderwegschilder rechts hinauf zum Forstweg Gegentalstraße. Dieser führt im Hang hinauf durch die Wälder zur **Dicken Eiche** und weiter zur Wegspinne **Schnapsplatz** 02 (Harzer Förstersteig), wobei sich zwischen den Bäumen immer wieder reizvolle Ausblicke auf den Stausee und das Innerstetal öffnen.

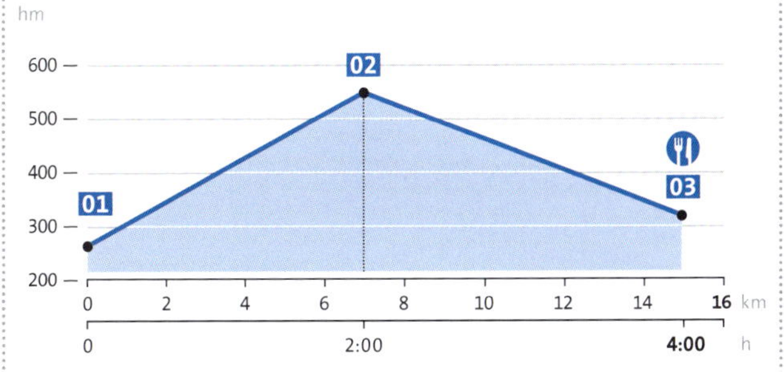

01 Innerstestausee, 260 m; 02 Schnapsplatz, 545 m; 03 Lautenthal, 315 m

Bergstadt Lautenthal

Die 800 Jahre alte Bergstadt Lautenthal ist Luftkurort und Wintersportplatz im Innerstetal an der Mündung der Laute, seit 1972 ist sie Stadtteil von Langelsheim.

Das **Bergbaumuseum Lautenthals Glücks** an der Wildemanner Straße befindet sich auf dem Gelände des gleichnamigen ehemaligen Silberbergwerks: Die Besichtigung beginnt mit der Einfahrt vom übertägigen Grubenbahnhof durch den Tiefen-Sachsen-Stollen; vom untertägigen Grubenbahnhof werden die Besucher über drei Sohlen der Silbergrube geführt. Ein Höhepunkt ist die Erzkahnfahrt untertage. In der Sankt-Barbara-Kapelle in 266 m Tiefe finden Gottesdienste, Hochzeiten und Taufen statt.

Das **Lautenthaler Brauereimuseum** befindet sich in einem mit aufwendigen Schnitzereien versehenen Fachwerkhaus an der Straße nach Hahnenklee. Das Brauhaus wurde um 1600 errichtet. Die Braukunst begann 1660 und endete 1960 nach 300 Jahren.

Vom Schnapsplatz führt die Mark. „blaues Dreieck" zur **Tränkebachhütte**, wobei sie dem alten Grenzweg zwischen Braunschweig und Hannover (Preußen) folgt: Die alten Grenzsteine zeigen in Richtung des Innerstetals eine Wolfsangel, in Richtung nach Seesen die jeweilige Nummer unter einem S. Viele dieser Grenzsteine sind im Lauf der Zeit verschwunden oder wurden, wie bei der Tränkebachhütte, in die Umfassung der dortigen Quelle eingefügt.

Von der Tränkebachhütte führt das „blaue Dreieck" im bewaldeten Hang des Großen Trogtaler Bergs weiter zum **Luchsstein**;

Vom Innerstestausee führt unser Weg durch die Wälder hinauf auf den Kamm.

er erinnert an die Erlegung des angeblich letzten Luchses im Harz anno 1818. Wenig später, am **Schnepfenplatz**: Am Sternplatz quert der Höhenweg die Passstraße Lautenthal – Seesen, dahinter zweigt die Rotpunkt-Markierung links ab und führt hinab in den Luftkurort **Lautenthal** **03**.

BOCKSBERG UND SCHALKE

Panoramaberge im Oberharz

15 km | 4:30 h | 349 hm | 349 hm

START | Parkplatz am oberen Ortsrand von Hahnenklee in der Nähe der Stabkirche. Anfahrt B 241 Goslar – Clausthal-Zellerfeld. Bus: Stadtbuslinie Goslar – Hahnenklee/Clausthal-Zellerfeld. [GPS: UTM Zone 32 x: 592.440 m y: 5.746.300 m]
CHARAKTER | Mäßig steile, aussichtsreiche Wanderung auf meist bequemen Wegen.

Mit exzellenten Ausblicken führt diese Wald-, Panorama- und Teichewanderung vom heilklimatischen Kurort und Wintersportplatz Hahnenklee über den Bocksberg und über die Schalke und an den teilweise zum Baden genutzten Teichen bei Clausthal-Zellerfeld zurück nach Hahnenklee.

Vom Großparkplatz in **Hahnenklee** **01** leitet die Grünpunkt-Markierung auf dem Liebesbankweg, der stellenweise hervorragende Ausblicke zum Rammelsberg und auf das nördliche Harzvorland gewährt, in spürbarem Anstieg im Hang des Bocksbergs aufwärts. Wenn der Weg kurz nach Passieren einer aussichtsreichen Schutzhütte die für den öffentlichen Verkehr gesperrte Gipfelzufahrt kreuzt, folgen wir letzterer hinauf auf den **Bocksberg** **02**, auf dem sich ein umfassendes Harzpanorama bietet.

Nach diesem Abstecher kehren wir zurück zur Wegkreuzung und wandern rechts hinab zum ebenfalls recht aussichtsreich gelegenen Gasthof **Auerhahn** **03** an

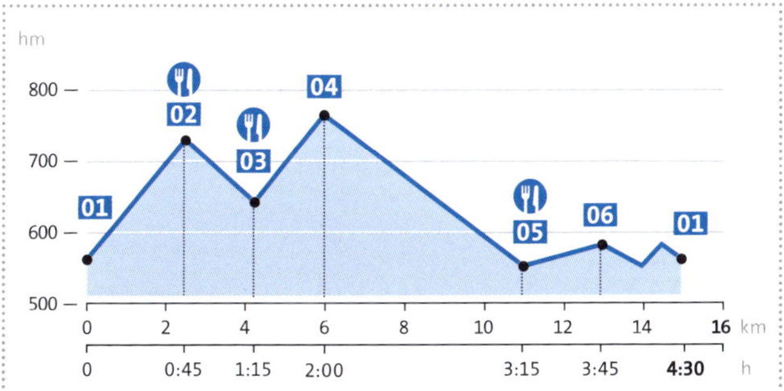

01 Hahnenklee, 560 m; 02 Bocksberg, 727 m; 03 Auerhahn, 640 m; 04 Schalke, 762 m; 05 Festenburg, 550 m; 06 Gr. Kellerhalsteich, 580 m

Blick vom Zankwieser Teich zur Schalke.

der Bundesstraße; die Gaststätte befindet sich in einem 1675 errichteten ehemaligen Jagdhaus der Braunschweiger Herzöge. Dort zweigt der Forstweg („grünes Dreieck" und „rotes Dreieck") zum Aussichtsturm **Schalke** 04 ab, der ebenfalls einen herausragenden Blick auf den Oberharz und bis zum Brocken gewährt.

Von hier leitet die Markierung „grünes Dreieck" auf dem Grenzweg weiter über den Kamm, und sobald rechts der Goslarer Stadtweg abzweigt (Rotpunkt), folgen wir dieser Forststraße hinab und oberhalb des idyllischen Schalker Teichs rechts nach **Festenburg** 05, wo die Waldgaststätte **Grüne Tanne** Wildspezialitäten serviert.

Ab hier gibt die Mark. „blau-x" die Route zurück bis zum Ausgangspunkt vor, wobei an der ersten Forstwegkreuzung ein Abstecher zum **Zankwieser Teich** möglich ist, in dem viele baden. Kurz nach Passieren des **Großen Kellerhalsteichs** 06 quert der Weg die B 241 und führt hinab zu den **Grumbacher Teichen**, wo Infotafeln eines Wasserwanderwegs die Anlage der **Bockswieser Teichekaskade** erläutern. Kurz darauf ist der Ausgangspunkt an der Stabkirche in **Hahnenklee** 01 wieder erreicht.

GRANESTAUSEE – HAHNENKLEE

Längs der Grane zum Bocksberg

20 km | 5:45 h | 437 hm | 437 hm

START | Parkplatz am Granestausee im Langelsheimer Ortsteil Herzog-Julius-Hütte. Anfahrt B 82 Langelsheim – Goslar Ausfahrt Granestausee. Buslinie Goslar – Langelsheim.
[GPS: UTM Zone 32 x: 594.700 m y: 5.752.310 m]
CHARAKTER | Mäßig steile, aussichtsreiche Wanderung auf bequemen Wegen.

Vom Granestausee leitet diese stille Wald- und Aussichtswanderung nach Hahnenklee, wo sich auf dem Bocksberg ein hervorragendes Panorama bietet.

Vom Großparkplatz unterhalb des Staudamms am oberen Ortsrand von Herzog-Julius-Hütte geht es zur aussichtsreichen Staumauer des **Granestausees** 01, der zweitgrößten Talsperre im Oberharz. Vom Staudamm schweift der Blick durch das Granetal zum Ziel, dem Bocksberg oberhalb von Hahnenklee. Am südöstlichen Ende der Staumauer zweigt rechts der Forstweg Richtung „Hahnenklee" ab (zugleich Ausschilderung „Uferrundweg Granetalsperre"), er ist anfangs Teil des von Spaziergängern, Rollerbladern und Radlern gleichermaßen genutzten Seerundwegs, zweimal laden Schutzhütten zu beschaulicher Rast ein, ehe der Weg im Granetal das südöstliche Ende des Stausees erreicht.

01 Granestausee, 290 m; 02 Hahnenklee, 560 m; 03 Bocksberg, 727 m; 04 Hohekehl, 506 m

Granestausee

Das Fehlen jeglicher Straßenberührung macht den buchtenreichen, zwischen bewaldeten Bergen eingebetteten Granestausee zu einer Oase der Ruhe. Der in den Jahren 1966–69 errichtete, 600 m lange und 67 m hohe Damm staut das Wasser der Grane und weiterer Bäche. Wassersport und Baden sind verboten, da die 46 Mio. m^3 Wasser vor allem der Trinkwasserversorgung dienen. Um den Stausee führt ein 16 km langer, fahrradfähiger Rundwanderweg, dem im Bereich der Staumauer auch der E 11 und der Harzrundweg folgen.

Nun gibt der Granebach die weitere Route vor, zwischen bewaldeten Berghängen führt der Forstweg stetig aufwärts, am **Graneblockhaus** laden Schutzhütte, Bänke und Tisch zur Rast ein, schließlich verlässt der Radweg im Quellgebiet der Grane das Tal und schraubt sich in Serpentinen in den Luftkurort **Hahnenklee** 02.

Bei klarer Sicht lohnt der Abstecher auf den mit der Seilbahn erreichbaren **Bocksberg** 03. Die Gustav-Adolf-Stabkirche ist das Wahrzeichen von Hahnenklee.

Nach dem Abstecher zum Bocksberg-Gipfel kehren wir zurück zur Verzweigung und folgen der Gipfelzufahrt geradeaus abwärts, wobei wir uns gleich auf der Alten Harzstraße befinden, einem Forstweg (blau-x), der Richtung Goslar hinabführt. Wenn die Mark. „blau-x“ kurz nach Passieren des Parkplatzes **Hohekehl** 04 halb rechts abzweigt, bleiben wir auf der nun asphaltierten Alten Harzstraße (Blaupunkt), passieren die ehemalige Schiefergrube Glockenberg und folgen der Blaupunkt-Markierung an den **Margaretenklippen** vorbei auf dem bequemen Oberen Klippenweg zum Parkplatz am Königsberg.

Dort folgen wir der Ausschilderung links hinab zum Ufer des **Granestausees** 01 und kehren zurück zum Ausgangspunkt.

Blick über den Granestausee hinweg auf das Bocksbergmassiv.

Herzog Juliushütte
Hüttenwald
Todberg
370
Granehütte
Forsthaus Lütjenberg
01
47
Hüttenweg
Scheptalweg
Westerberg
Dittmarsberg
389
Dröhneberg
393
Astfelder Hütte
HAGEN
HARZ
Mispliethweg
Grenzweg
Frankenberg
Mispliethhütte
Varleystraße
Granestausee
Nordberg
458
Schafskopf
400
Lütjenberg
387
Königsberg
Wethberghütte
Wethberg
482
Varleyhütte
Grotenberg
463
Oberer Klippenweg
Taubenstieg
Ratsschiefergrube
Hessenkopf
Margaretenklippen
494
04
Hohekehl
527
Kehlweg
Bogenweg
Gabelweg
Langeweth
Ochsenweg
Distelplatz
Graneblockhaus
Granebach
Großfürstin Alexandra
Deutsche Fachwerkstraße
Töberschekopf
640
Hahnenkleeweg
Alte Harzstraße
Langetalskopf
607
Windsattel
Harzstieg
Steinweg
02
Liebesbank
03
727
Bocksberg
Auerhahn
Auerhahn
640
Herzberger Weg
Steinweg
Schalke
762
Schalke
Auerhahn-Teich
Grumbacher Teiche
Floßteiche
241
Alte Harzstraße
Kreuzeck
Kahler Berg
Klingebielskopf
0
500 m

48

GOSLAR – OKERTAL – RAMMELSBERG

Landschaftliche und historische Glanzpunkte

22 km 6:30 h 498 hm 498 hm

START | Parkplatz am oberen Ende der Schützenstraße am Rand von Goslar. In Goslar von der B 241 am Schützenplatz auf die Schützenstraße abzweigen. | Bahn/Bus: Keine Bushaltestelle. Von der Altstadt (Bahnhof) führt die Markierung „Blaupunkt" über Nebenstraßen zum Ausgangspunkt.
[GPS: UTM Zone 32 x: 599.580 m y: 5.751.010 m]
CHARAKTER | Im Okertal teilweise gesicherte Felssteige bzw. Wald- und Wurzelwege, ansonsten fahrradfähige Forstwege.

Von der Weltkulturerbestadt Goslar am Harznordrand folgt diese Wanderung dem Europäischen Weitwanderweg E 6 durch das imposante Okertal, das berühmteste Tal des Westharzes, zum Okerstausee, dem „Vierwaldstätter See" des Harzes.

Der Rückweg führt über den aussichtsreichen Rammelsberg, dessen historische Bergwerksanlagen ebenfalls als Weltkulturerbe unter Schutz stehen.

Vom Ausgangspunkt in **Goslar** 01 folgen wir der schmalen Straße geradeaus in sachtem Abstieg. Nach wenigen Metern endet der für den öffentlichen Verkehr zugelassene Bereich an einem Werkstor, wir treten in einen aussichts-

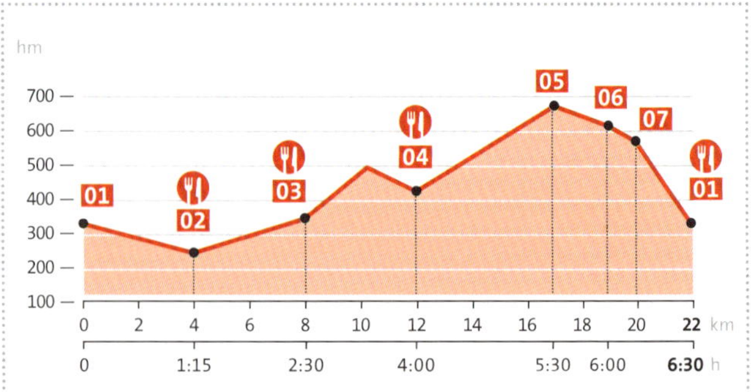

01 Goslar, 325 m; 02 Waldhaus, 240 m; 03 Romkerhalle, 340 m; 04 Brückenschänke, 420 m; 05 Dicker Kopf, 668 m; 06 Waldschrathütte, 610 m; 07 Rammseck-Aussicht, 565 m

GOSLAR
Kluskapelle
Historischer Park
Aquantic
Rathaus
Kaiserpfalz
Zwinger
Goslarer Museum
Klärteiche
Forsthaus Groß Ammental
Hahnenberg
502
Hauenschildklippe
Rammelsberg
636
Borchersweg
NSG
Dörpketal
Gelmketal
Giengelsberg
600
Gelmkeberg
599
Waldhaus
OKERTAL
Kaiserweg
Brautsteinweg
Brautstein
648
Lindtalerweg
Düsteres Tal
Adlerklippen
Ziegenrückenklippe
Sidecum
Treppenstein
Auerhahnplatz
Dicker Kopf
668
527
Kahlberg
Treppe
Kästeklippe
Verlobungsinsel
Oker
Eichenberg
670
Eichenbornweg
Romkerhalle
Romkerhaller Wasserfall
Großer Romke
568
Unterer Romkerkopfweg
Strausberg
628
498
Okerterrasse
Mulltal
Ski-Alpinum Race-Park
645
Gr. Wiesenberg
Großer Ahrendsberg
Waldjugendheim Ahrendsberg
550
Brückenschänke
Langes Tal
Schulenberg im Oberharz
Oker-stausee
Ravensklippen
Kleiner
0 500 m
01
02
03
04
05
06
07

reichen Hang und erreichen eine Verzweigung.

Während der E 11 links abzweigt, folgen wir dem E 6 (Mark. „x“) auf dem fahrradfähigen Weg geradeaus mit schönem Blick über das Gelmketal, das der Weg durchschreitet, um dann in bewaldeten Hängen in das Okertal einzuschwingen, wo die Ausflugsgaststätte **Waldhaus** 02 zur Einkehr lädt.

Im Okertal. Blick hinauf zur Feigenbaumsklippe.

Am hinteren Ende des Parkplatzes führt der E 6 weiter talaufwärts, leitet auf einem geländergesicherten Steig durch das auch zum Klettern aufgesuchte Massiv der **Adlerklippen**, dann zwingen ihn die Kraftwerksanlagen zu einer Passage direkt neben der Bundesstraße. Aber ab der **Verlobungsinsel** (schöner Rastplatz mitten im Fluss, erreichbar über eine Brücke) erwartet uns wieder ein naturnaher, teilweise idyllischer Weg, der passagenweise geländergesichert im Steilhang verläuft und einige faszinierende Aufblicke zur Feigenbaums- und zu anderen Klippen gewährt, ehe am **Romkerhaller Wasserfall** 03 wieder Einkehrmöglichkeit besteht.

Hier befindet sich auch eine Bushaltestelle, und wenn der Bus nicht lange auf sich warten lässt, sollte man nicht zögern und sich bis zum Okerstausee fahren lassen, denn ab der Romkerhalle folgt der E 6 der Bundesstraße auf der gefährlichen Haltespur, ehe er wieder rechts in den Wald hinaufführt und an der **Rabenklippe** vorbei zum **Okerstausee** leitet. An der **Brückenschänke** 04 Einkehrmöglichkeit.

Während der E 6 die Brücke über den See in Richtung Altenau überquert, folgen wir kurz der Landstraße (Fußweg) Richtung Schulenberg und biegen am Parkplatz hinter der Brücke rechts auf den Wanderweg in das Bramketal Richtung „Goslar“ ein.

Der fahrradfähige Forstweg (gelbes Dreieck) führt steil hinauf zum **Dicken Kopf** 05 und weiter (Grünpunkt) im Waldhang des Sidecum zur **Waldschrathütte** 06, einem schönen Rastplatz. Von hier führt die Grünpunkt-Markierung auf einem aussichtsreichen Hangweg (Blick zum Herzberger Teich) zur **Rammseck-Aussichtskanzel** 07 und senkt sich dann weiter hinab.

An der Weggabelung vor den Gebäuden des Ausbildungszentrums gehen wir rechts zum Ausgangspunkt zurück.

ROMKERHALLE – AHRENDSBERG – KÄSTEHAUS

Felsfaszination über dem Okertal

13 km | 3:30 h | 440 hm | 440 hm

START | Parkplatz am Romkerhaller Wasserfall. Anfahrt auf der B 498 Oker – Altenau. Bushaltestelle der Linie Goslar – Altenau/ Clausthal-Zellerfeld.
[GPS: UTM Zone 32 x: 601.300 m y: 5.746.300 m]
CHARAKTER | Anfangs und zuletzt steile, teils aussichtsreiche Klippenwege, ansonsten bequeme Forstwege.

Mit dem Ahrensberg und den Kästeklippen berührt diese Wanderung einige der schönsten Aussichtsstellen über dem Okertal.

Vom **Gasthaus Romkerhalle** 01 folgt der Rotpunkt-Wanderweg der Oker am Ostufer aufwärts zum Wasserkraftwerk und zweigt dort links ins Tal der Großen Romke ab. Gleich darauf überquert er den Bach auf einer Stegbrücke und wechselt auf den Jägerstieg, einen Pfad im bewaldeten Steilhang. An der ersten Kreuzung verlässt er den Jägerstieg rechts und schlängelt sich hinauf zur aussichtsreichen Halleschen Hütte an den **Ahrendsberger Klippen** 02; hier bietet sich ein exzellenter Blick auf das Okertal.

Bequem leitet die Rotpunkt-Markierung weiter zum Waldpädagogikzentrum **Harz** 03, im Haus Ahrendsberg, das auch von

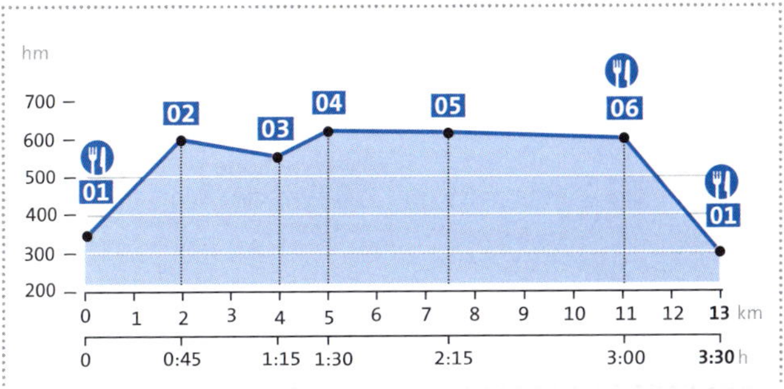

01 Romkerhalle, 340 m; 02 Ahrendsberger Klippen, 589 m; 03 Waldpädagogikzentrum, 549 m; 04 Ringweg, 643 m; 05 Kötenweg, 643 m; 06 Käste, 602 m

Selbstversorgergruppen gemietet werden kann (Anfahrt durch das für den öffentlichen Verkehr gesperrte Kalbetal).

Am Haus Ahrendsberg zweigt die Markierung „rotes Dreieck“ nordostwärts Richtung Breitenberg auf den Salzstieg genannten Forstweg ab, umgeht den Diabassteinbruch links auf dem **Ringweg** **04**, gewinnt nördlich des Steinbruchs wieder die Nordostrichtung Richtung Breitenberg und erreicht eine Gabelung: Hier wechselt die Markierung „gelbes Dreieck“ schräg links auf den **Kötenweg** **05**, der am Steigerbleek die Abzweigung ins Bleichetal passiert und wenig später links zum autofreien **Gasthaus Kästehaus** **06** abzweigt. Die aussichtsreichen Kästeklippen sind ein spannender Rastplatz über dem Okertal.

Vom Kästehaus folgt die Gelbpunkt-Markierung einem steinigen Weg südwärts zu den wollsackverwitterten Granitfelsen **Hexenküche** und **Mausefalle**, wenig später öffnet sich auf der **Feigenbaumsklippe** wieder ein hervorragender Ausblick.

Steil senkt sich der Gelbpunkt-Steig ins Tal der Kleinen Romke, überquert den Bergbach und führt zurück zum **Gasthaus Romkerhalle** **01** am Fuß des 1863 künstlich angelegten Romkerhaller Wasserfalls.

An der Feigenbaumsklippe hoch über dem Okertal.

GÖTTINGERODE
NSG
Deutsche Ferienstraße Alpen-Ostsee
Gasthof Goldberg
Forsthaus Ammental
Hahnenberg
502
Hauenschild-klippe
Waldhaus
OKERTAL
Ob. Adenbergweg
Öhrentalweg
Adenberg
536
Fuchsklippe
Kästestr.
Dachsweg
Steinbrecherweg
Glue-Bues-Weg
Goldberg
564
Goldbergstraße
Schlackenweg
Ziegenrücken-klippe
Adler-klippen
Düsteres Tal
Dachsklippen
Henniborn
Stiefmütterklippe
Treppen-stein
Jägerborn
Sandbrink
Röhrtanz
Huthberg
605
06
Kästestr.
Treppe
Käste-klippe
Gasthaus Käste
Hexenküche
Mausefalle
Feigenbaumsklippe
Kötenweg
Morlberg
Verlobungsinsel
Oker
Taternbruch
05
Oberer Bleichenweg
Bleicheborn
Breitenberg
Kleine Romke
Große Romke
Romkerhalle
Romkerhaller Wasserfall
Romkestraße
Schnabel gasse
624
01
Großer Romke
568
Unterer Romkerkopfweg
498
49
02
Okerterrasse
04
Ringweg
Kniepweg
Gr. Steffenstal
Riefenbruch
Großer Ahrendsberg
Salzstieg
Diabas Steinbruch
Speckenbach
Huneberg
Kleine Hune
Waldpädagogikzentrum Ahrendsberg
550
03
Langes Tal
Großes Trogtal
Spitzenbergsweg
Spitzenberg
665
Gr. Gemkental
Kleiner Ahrendsberg
519
Große Hune
Am eisernen Weg
Eiserner Weg
Schachtholzweg
Kalbekopf
548
Ochsenberg
431
Unteres Renntal
Oberes Renntal
Lichtenborg
0 500 m

50

BAD HARZBURG – UHLENKOPF – RABENKLIPPE

Wandern zwischen Radau- und Eckertal

21 km | 6:00 h | 618 hm | 618 hm

START | Bushaltestelle und Parkplatz an der Talstation der Burgberg-Seilbahn in Bad Harzburg. Anfahrt B 4 Nordhausen – Bad Harzburg. | Bahn/Bus: Regionale Busse sowie Bahn ab Goslar, Braunschweig. Bahnhof ca. 2 km vom Ausgangspunkt entfernt (Busse halten vor dem Bahnhof).
[GPS: UTM Zone 32 x: 607.420 m y: 5.747.800 m]
CHARAKTER | Längere Waldwanderung (abkürzbar) mit gelegentlich steilen Anstiegen.

Zwischen der Talstation der **Burgberg-Seilbahn** 01 und dem Haus der Natur (Nationalpark-Infostelle) am Kurpark in Bad Harzburg überqueren wir die Bundesstraße auf der Fußgängerbrücke und folgen – an der Verzweigung am Ende der Brücke links – einem Weg in schönem Buchenmischwald aufwärts, wobei schon bald die Mark. „Blaupunkt im Dreieck" des Kaiserwegs auftaucht. Teils in Serpentinen führt dieser nun im sonnigen Steilhang über dem Kalten Tal hinauf zum **Antoniusplatz**, wo Sitzbänke zur Rast laden.

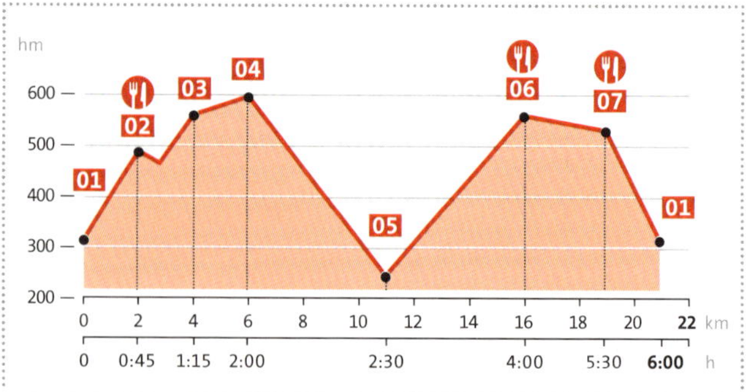

01 Talstation, 310 m; 02 Großer Burgberg, 483 m; 03 Kreuz, 555 m; 04 Uhlenkopf, 591 m; 05 Eckertal, 240 m; 06 Rabenklippe, 554 m; 07 Molkenhaus, 525 m

Ab hier geht es dann links hinauf zum sehr aussichtsreichen **Großen Burgberg** 02, wo sich an der Canossasäule eine exzellente Sicht auf das Harzvorland bietet; auch der Brocken ist zu sehen. Vom Burgberg kehren wir zurück zum Antoniusplatz und folgen dem Kaiserweg im laubwaldgeschmückten Steilhang des Sachsenbergs zur Wegspinne **Säperstelle**; links steht eine Schutzhütte, geradeaus (nun Mark. „Blaustrich") laden am Sachsenbrunnen Bänke und Tisch zur Rast.

Weitgehend eben führt der Blaustrich-Weg mit einigen sehr schönen Harzvorland-Ausblicken (Sitzbänke) durch die Wälder zum überdimensionalen **Kreuz** 03 des Deutschen Ostens auf den **Uhlenklippen** (Sitzbänke, Schutzhütte); Gedenksteine erinnern an die ehemaligen deutschen Ostgebiete. „Blaustrich" leitet weiter zu einem Wegdreieck, an dem man rechts zur Rabenklippe abkürzen kann („grünes Dreieck"), wendet sich hier halb links, hält am **Ebereschenplatz** (Sitzbänke, schöne Aussicht) geradeaus und wechselt vor der grasigen Uhlenkopf-Schneise rechts auf den Dreibörnerweg im Südhang des Uhlenkopfs mit Blick über das tief eingeschnittene Eckertal hinweg zum Brocken. Wer durch die grasige Schneise zum **Uhlenkopf** 04 aufsteigt, wird mit einem erstklassigen Brockenpanorama belohnt (Sitzbank). Von der Kuppe in nur einer Minute hinüber zur **Kattnäse**, einem Felsturm mit herausragendem Blick.

Wieder zurück zum Blaustrich-Weg: In schönen Buchenwäldern senkt sich der bequeme Weg hinab zur Schutzhütte am **Ilsenburger Eck**; hier und noch besser

In den Ruinen der Harzburg.

an der wenig später erreichten **Wernigeröder Bank** bietet sich ein guter Blick auf Stapelburg und das Harzvorland. In raschem Abstieg führt der Blaustrich-Weg weiter abwärts und mündet auf den radfähigen Ilsenburger Stieg, auf dem der E 11 verläuft, ihm folgen wir rechts in das **Eckertal** **05** und wandern talaufwärts auf einem Forstweg („rotes Dreieck", später Pfad) an den **Hausmannsklippen** vorbei zur **Rabenklippe** **06**. Vom Gasthaus folgen wir der Markie-

rung „grünes Dreieck" auf der Zufahrt Richtung Bad Harzburg, an der Bushaltestelle übernimmt „rot x" die Routenführung, leitet – weiterhin auf der ungeteerten Zufahrt – zur Wegspinne **Tiefe Kohlstelle**, vereinigt sich wenig später mit dem Kaiserweg und erreicht die Ausflugsgaststätte **Molkenhaus** 07. Dort folgen wir kurz der Zufahrt Richtung Bad Harzburg und lassen uns dann von der Mark. „blau-x" im Hang des Ettersbergs zurück zum Ausgangspunkt leiten.

OKERSTAUSEE

Am größten See im Westharz

17 km | 4:30 h | 20 hm | 20 hm

START | Vorstaumauer des Okerstausees (440 m), Parkplatz an der Bundesstraße B 498 Goslar – Altenau.
[GPS: UTM Zone 32 x: 599.683 m y: 5.742.355 m]
CHARAKTER | Leichter Asphaltweg, autofrei.

Der Werksweg auf der Waldseite des Okerstausees bietet weite Ausblicke auf den größten See im Westharz und ist bei Schneelage ein beliebter Winterwanderweg. Er ist Teil des 18 km langen Rundwanderwegs um die Okertalsperre; dieser Rundweg folgt allerdings auf der Westseite des Sees mehrere Kilometer der Bundesstraße, während der Werksweg auf der Ostseite durchgehend autofrei ist.

▶ Vom **Parkplatz** 01 an der Bundesstraße geht es aussichtsreich über die 20 m hohe **Vorstaumauer**, die die Bäche Kellwasser und Schwarzes Wasser staut. Dann gibt der Asphaltweg die Route am Ostufer des **Okerstausees** vor, auch Skiroller und Inlineskater sind hier unterwegs, der Stausee selbst darf nur von nichtmotorisierten Booten befahren werden, einzige Ausnahme ist das fahrplanmäßig verkehrende Rundfahrtschiff MS AquaMarin.

Der erste große Seitenarm des Okerstausees ist das von Torfhaus herabführende **Kalbetal** 02, durch das eine beliebte Radroute führt, während der Okerseerundweg dem aussichtsreichen Ufer zu Füßen der Wälder treu bleibt und an der Ausmündung des Kalbetals

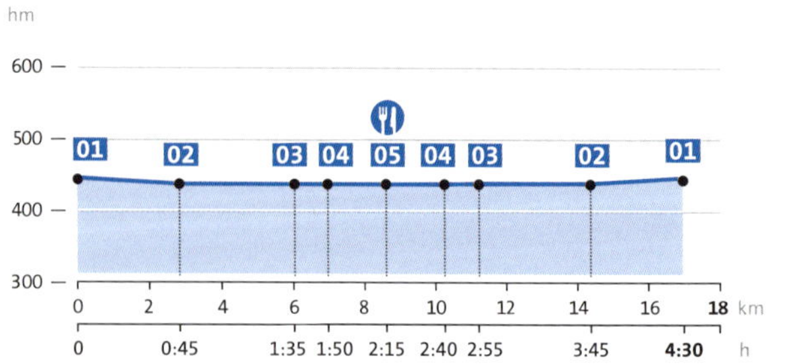

01 Vorsperre, 440 m; 02 Kalbetal, 430 m; 03 Schadleben-Hütte, 430 m; 04 Langes Tal, 430 m; 05 Hauptstaumauer, 430 m

Okerstausee

Der Okerstausee ist der größte See im Westharz und ein viel besuchtes Ausflugsziel mit Möglichkeit zum Baden, Segeln, Surfen, Kajakfahren – Wassersportarten ohne Motor sind erlaubt. Die 1956 in Betrieb genommene Talsperre dient vor allem dem Hochwasserschutz und der Energieerzeugung, bei vollem Stau fasst der See 48 Millionen Kubikmeter Wasser, das indirekt auch zur Trinkwassergewinnung genutzt wird. Der Okerstausee lädt zum Wandern, Baden und Rudern ein, die Runde um den See zu Fuß oder mit dem Rad lässt sich mit einer Fahrt mit dem Ausflugsschiff MS AquaMarin kombinieren. Die Schiffsrundfahrt beginnt am Anleger Weißwasserbrücke in Schulenberg.

Okerstausee.

wieder den Blick freigibt auf die Gaststätte „Windbeutel-König“ in Gemkenthal am gegenüberliegenden Ufer.

An der **Schadleben-Hütte** 03 fällt der Blick auf die Weißwasserbrücke mit dem Pavillon am Anleger der Okersee-Schifffahrt. Das **Lange Tal** 04 ist das letzte größere Seitental, dann erreicht der Seerundweg die **Hauptstaumauer** 05 mit der Ausflugs-Gaststätte **Okerterrasse**.

Auf demselben Ostuferweg geht es zurück zum **Ausgangspunkt** 01 an der Vorstaumauer.

Okertalsperre.

ALTENAU – OKERSTAUSEE – SCHWARZENBERG

Kellwassertal und Brockenblick

10,8 km | 2:50 h | 390 hm | 390 hm

START | Parkplatz Schultal (475 m) in Altenau an der Landstraße Richtung Torfhaus.
[GPS: UTM Zone 32 x: 599.723m y: 5.740.121 m]
CHARAKTER | Leichte Waldwege.

Vom Luftkurort Altenau führt die bequeme Runde durch das tief eingeschnittene Kellwassertal, das am stärksten von eiszeitlichen Gletschern überformte Nebental der Oker. An der Oker kann man sich entscheiden, dem Fluss zurück nach Altenau zu folgen, doch bei klarer Sicht lohnt der Rückweg über die Brockenblick-Köte auf dem Schwarzenberg.

▶ Am Parkplatz **Schultal** 01 im heilklimatischen Kurort Altenau ist der Schwarzenberg schon in Sicht: Jenseits des Schneidwassers erhebt sich seine bewaldete Kuppe. Am Parkplatz zweigt von der Landstraße die Straße An der Bornkappe ab, überquert das Schneidwasser und führt im Schwarzenberg-Hang sacht aufwärts, bis links der Wellner-Fahrweg abzweigt. Dieser Forstweg führt mit Blick auf den Altenauer Kräuterpark, den größten botanischen Garten dieser Art in Deutschland, durch den Hang und taucht in den Wald ein.

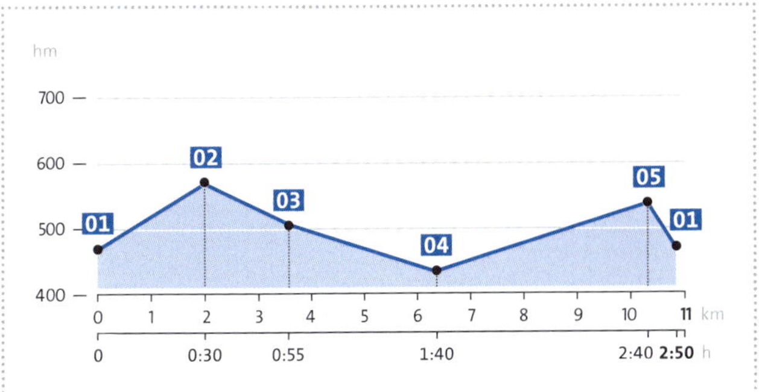

01 Schultal, 475 m; 02 Stromleitung, 575 m; 03 Kellwassertal, 504 m; 04 Kellwasserbrücke, 430 m; 05 Schwarzenberg, 540 m

Kanute auf der Oker.

Wenn der Wellner-Fahrweg neben die Trasse der **Stromleitung** **02** wechselt, ist gleich darauf der vorerst höchste Punkt der Wanderung erreicht. An der Verzweigung, an der die Stromleitung rechts weiterführt, senkt sich der Waldweg geradeaus durch das Kleine Spritzental ins **Kellwassertal** **03**.

Nach Überqueren des Bachs auf der Brücke geht es abwärts im steilwandigen Tal Richtung Okertalsperre. Wenn der Forstweg auf der nächsten **Kellwasserbrücke** **04** ans linke Ufer wechselt, wo der Altenauer Fußweg abzweigt, heißt es kurz aufpassen, denn gleich darauf zweigt der Rundweg links in den Hang Richtung Altenau ab; bei guter Sicht lohnt es sich, die wenigen dutzend Meter bis zum Stausee weiterzugehen, an dem sich rechts eine Schutzhütte befindet.

Ist man bis zur Schutzhütte gegangen, folgt man am besten

Altenau im Oberharz.

Kräuterpark Altenau

Der Kräuterpark Altenau an der Landstraße Richtung Torfhaus ist der größte botanische Garten dieser Art in Deutschland. Allein in der Gewürzgalerie werden 1500 verschiedene Gewürze und -mischungen vorgestellt. Der Kräuterpark präsentiert die Vielfalt heimischer und exotischer Gewürze und Kräuter, Infotafeln erläutern Namen, Herkunft, Heilkraft und Verwendung in der Küche. Gepflegte Wege führen vom Wasserfall zur Lavendel- und zur Melissenschule, zur Minzen- und zur Salbeischule, im Parkteich schwimmen heimische Fische. Der Park ist ganzjährig geöffnet, Küchenkräuter, Heilkräuter und exotische Stauden sind bis Ende September im Verkauf. Kräuterpark Altenau, Schultal 11.

dem Uferrundweg links und dann der über Blockwerk plätschernden Oker aufwärts nach Altenau, während der Rundweg auf dem ersten Weg oberhalb des Stausees südwärts in den Waldhang abzweigt, sich zum Sattel über dem Großen Flößtal schlängelt und die Brockenblick-Schutzhütte auf dem **Schwarzenberg** **05** gewinnt.

Von hier ist es nicht mehr weit zum Ausgangspunkt am Parkplatz **Schultal** **01** beim Kräuterpark Altenau.

ODERBRÜCK – BROCKEN

Winterweg zum Brocken

15,4 km | 4:00 h | 570 hm | 570 hm

START | Oderbrück (790 m), Bushaltestelle und Parkplatz an der Bundesstraße 4 Bad Harzburg – Braunlage, Buslinien Bad Harzburg – Torfhaus – Braunlage und Bad Harzburg – Oderbrück – Sankt Andreasberg.
[GPS: UTM Zone 32 x: 607.172 m y: 5.737.261 m]
CHARAKTER | Leichte Waldwanderung passagenweise auf Betonwabenwegen.

Bode-Quellgebiet.

Oderbrück, die höchstgelegene Siedlung an der Oder, ist als Ausgangspunkt zum Brocken ideal für eine Winterwanderung oder für eine Nachtwanderung im Sommer.

Von der überwiegend aus Ferienunterkünften und Skihütten bestehenden Höhensiedlung **Oderbrück** 01 folgt der mit einem blauen Dreieck markierte Kaiserweg dem über Blockwerk plätschernden Bach Oder aufwärts. An der ersten Biegung des dammartig durch die ver-

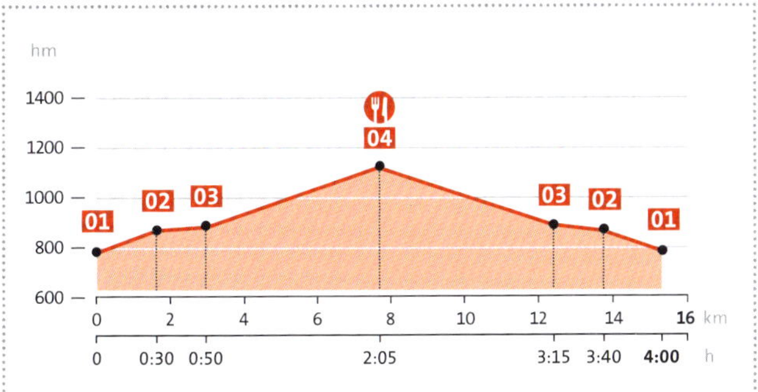

01 Oderbrück, 790 m; 02 Schierker Straße, 870 m; 03 Dreieckiger Pfahl, 875 m; 04 Brocken, 1142 m

waldete Hochmoorlandschaft geführten Wegs verabschiedet sich der Hauptquellast des Bächleins rechts in das **Oderbruch**; in diesem Hochmoor wird der **Odersprung** lokalisiert, während der Kaiserweg einem weiteren Quellast, der im Brockenfeld entspringt, aufwärts folgt. An der Schutzhütte mit rundem

Dreieckiger Pfahl

Die Raststelle Dreieckiger Pfahl mit Schutzhütte, Stempelstelle und Sitzbänken befindet sich an einer uralten Grenzmarke in der Nähe des Bodesprungs, der Quelle der Kalten Bode. Nach den Umbrüchen der Reformationszeit markierte der Dreieckige Pfahl das Dreiländereck zwischen der Grafschaft Hohnstein, dem Königreich Hannover und dem Herzogtum Braunschweig, während des Kalten Kriegs verlief hier die Demarkationslinie zwischen dem sowjetischen Staat DDR und der westdeutschen Bundesrepublik. Heute verläuft hier die Grenze der Bundesländer Niedersachsen und Sachsen-Anhalt.

Steintisch an der Kreuzung mit dem Forstweg **Schierker Straße** 02 mündet die Brocken-Aufstiegsroute vom Ehrenfriedhof ein: Rechts geht es im Wald weiter und an der Abzweigung des Ulmer Wegs vorbei zur Schutzhütte am **Dreieckigen Pfahl** 03 an der Grenze der Bundesländer Niedersachsen und Sachsen-Anhalt. Dieser Grenze folgt der Harzer Grenzweg: Er senkt sich Richtung Brocken zum **Bodesprung**, der Quelle der Kalten Bode, und steigt dann zum Brocken hin an. Nahe der Schutzhütte Eckersprung vereinigt sich der Harzer Grenzweg mit dem Goetheweg und dem Eckerstieg und leitet auf dem Kolonnenweg sowie zuletzt auf der Brockenstraße hinauf zum Gipfelfelsen vor dem Brockenhotel auf dem **Brocken** 04. Der Abstieg folgt derselben Route zurück zum Ausgangspunkt in **Oderbrück** 01.

Bodequellen Wiese.

HASSELFELDE – STEMBERGHAUS – ALTENBRAK

Köhlerpfad und Räucherforellen

12,1 km | 3:45 h | 240 hm | 390 hm

START | Bahnhof Hasselfelde (450 m), Am Bahnhof in Hasselfelde.
[GPS: UTM Zone 32 x: 627.946 m y: 5.727.938 m]
CHARAKTER | Leichte Waldwanderung auf passagenweise steilen Wegen.

Vom Höhen-Luftkurort Hasselfelde folgt der Köhlerpfad den Duftspuren der Harzer Meiler zum gastlichen Stemberghaus über der Rappbodetalsperre, dort beginnt der Abstieg zur Forellenräucherei von Altenbrak in der Bodeschlucht.

▶ Vom Bahnhof **Hasselfelde** 01, dem Endbahnhof der Harzer Schmalspurbahn Selketalbahn, geht es parallel zum Bahnkörper ostwärts Am Bahnhof, am Bahnübergang geradeaus Landgraben, bald links schwingend zur B 242 Stieger Straße, nach Queren der Bundesstraße geradeaus und am Ende links und gleich rechts in den Hasselfelder **Kurpark** hinein. Nach Überqueren des Flüsschens Hassel am Nordrand des Kurparks folgt der Köhlerpfad dem Harzer Hexenstieg rechts durch die Wiesen in Sichtweite an der Westernstadt **Pullman City Harz** vorbei und taucht in den Wald ein. Das schnellwüchsige Holz der Fichte war für den Bergbau unverzichtbar, jedoch ist die Fichte in dieser

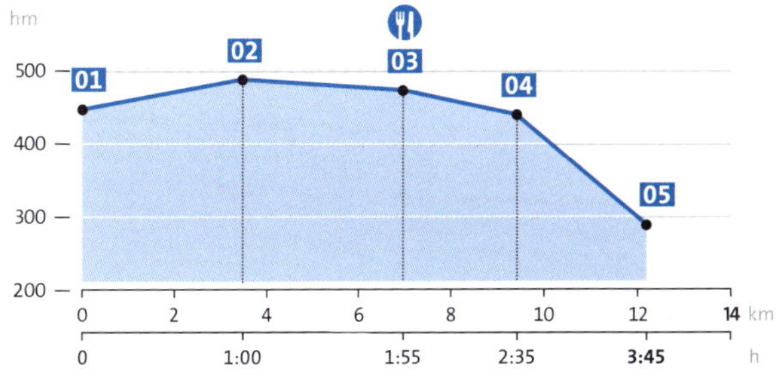

01 Hasselfelde, 450 m; 02 Schutzhütte, 490 m; 03 Stemberghaus, 475 m; 04 Schöneburg, 445 m; 05 Altenbrak, 290 m

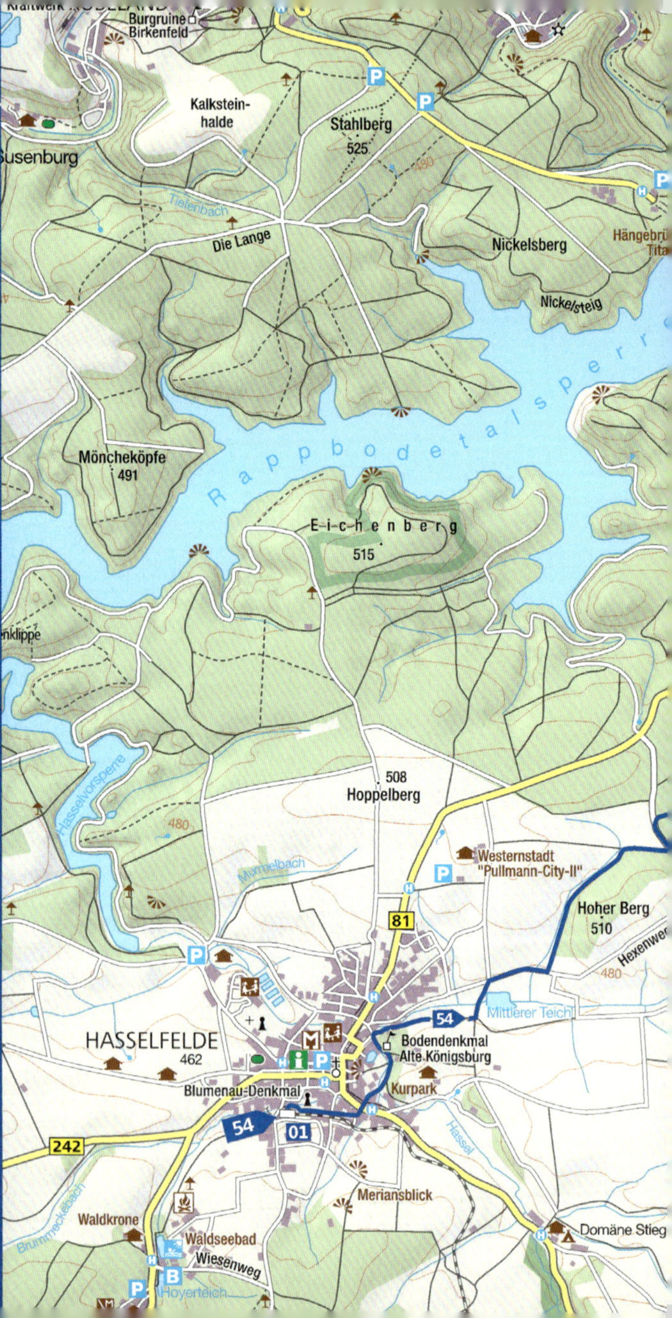
Burgruine
Birkenfeld
Kalkstein-
halde
Stahlberg
525
480
Tiefenbach
Die Lange
Nickelsberg
Nickelsteig
Rappbodetalsperre
Möncheköpfe
491
Eichenberg
515
508
Hoppelberg
Hasselvorsperre
480
Mummelbach
Westernstadt
"Pullmann-City-II"
81
Hoher Berg
510
480
Mittlerer Teich
54
HASSELFELDE
462
Bodendenkmal
Alte Königsburg
Kurpark
Blumenau-Denkmal
54
01
242
Hassel
Meriansblick
Waldkrone
Waldseebad
Wiesenweg
Domäne Stieg
Hoyerteich

Almsfeld
456
ferberg
kt-Talsperre
Wasserkraftwerk
Mega-Zipline
Talsperre
Wendefurth
WENDEFURTH
Hasenteich
Totenrode
Kohlenberg
496
Pump-
speicher-
becken
Bode
Birken-
holz
Schöneburg
Böser Kleef
54
04
Heimat-
stube
Großer
emberg
517
Siebengründeweg
Heilquelle
ALTENBRAK
Waldbühne
05
Wilhelmsblic
TRESEBURG
Harzköhlerei
Stemberghaus
Bergbad
Bauernwald
400
Hasselfelde
02
Brandkopf
pfad
504
480
Boss
Hexenweg
Jagdschloss
Windenhütte
Langehorn
Großer Klingengrund
455
Kl. Klingenberg
lingenberg
501
Wildgarten
0
500 m
Steinbornsbach

Romantischer Pfad durch das Bodetal.

Höhenlage nicht natürlichen Ursprungs. Zwölf Stationen am Weg bringen dem Wanderer das uralte Handwerk des Köhlers nahe durch Modelle von Köhlerhütten, Meilerstellen und anderen für diese Arbeiten notwendigen Vorrichtungen.

Einige dieser Orte wie die **Schutzhütte** 02 am Waldrand laden mit Sitzbänken zum Verweilen ein, zudem befinden sich am Wegesrand historische Relikte des Köhlerhandwerks wie Spuren alter Fahrwege. Kurz nach Passieren des Erdmeilers im oberen Mühlental erreicht der Köhlerpfad das **Stemberghaus** 03, das sich schon von Weitem Auge und Nase durch rauchende Meiler wahrnehmbar macht. In dem Familienbetrieb wird Holzkohle und Buchenholzteer produziert; dem Stemberghaus angeschlossen ist ein Köhlereimuseum, Brotzeit gibt's in der Köhlerhütte.

Klares Bodewasser.

Nach Verlassen des Stemberghauses taucht der Hexenstieg in naturnahe Laubwälder ein, insbesondere Buchenwälder mit Ahorn, Esche, Eiche und Kirsche. Ein romantischer Pfad führt zur **Schöneburg** 04, wo Schutzhütte und Bänke zur Rast einladen mit weitem Blick auf Altenbrak und das Bodetal. An der **Forellenzucht Bodetal** mündet der Pfad in den Hauptstrang des Hexenstiegs, und dieser führt bodeabwärts in den Luftkurort **Altenbrak**, die Bushaltestelle Weißes Ross befindet sich an Durchgangsstraße Sankt Ritter bei der Kirche. Der Bus fährt zurück nach Hasselfelde.

RAPPBODETALSPERRE – WENDEFURTH – NEUWERK

Hängebrücke und Bodeschlucht

11,2 km | 3:00 h | 150 hm | 150 hm

START | Harzer Urania Infopoint (435 m), gebührenpflichtiger Parkplatz an der Rappbodetalsperre an der Landstraße von Rübeland (an der Bundesstraße B 27) bei Elbingerode zur B 81. [GPS: UTM Zone 32 x: 630.190 m y: 5.734.153 m]
CHARAKTER | Leichte Waldwanderung auf passagenweise steilen Wegen, die Begehung der Hängebrücke erfordert absolute Schwindelfreiheit und ist zudem gebührenpflichtig.

Die kostenpflichtige Überquerung der längsten Hängebrücke Deutschlands in Schwindel erregenden 106 m über dem Bodetal verbindet diese Runde mit dem Hexenstieg durch das tief eingeschnittene Tal.

▶ Vom Parkplatz am **Harzer Urania Infopoint** 01 führt der Uraniaweg zum Startpunkt der 1000 m langen **Megazipline**: Mit Europas längster Doppelseilrutsche lässt sich die Wanderung durch einen Sturzflug zur Talsperre Wendefurth in der Bode abkürzen. Verlängern lässt sich die Wanderung durch einen 75-m-Pendelsprung mit dem **Gigaswing**: Die Springer werden in eine unter der Hängebrücke befestigte Kabine verbracht, gesichert und schnellen nach dem Sprung wieder hinauf zur vergitterten Kabine. Beim gebührenpflichtigen

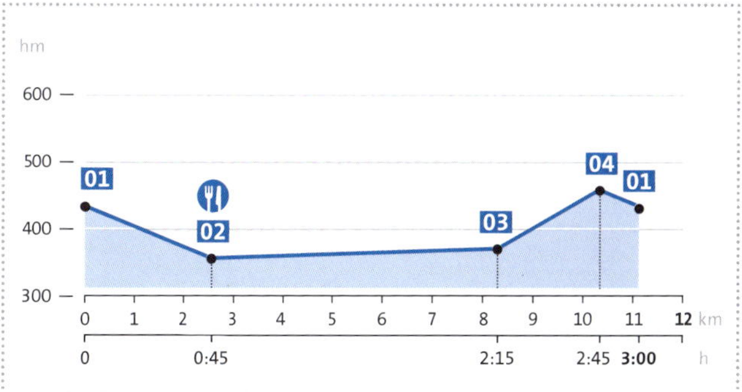

01 Urania Infopoint, 435 m; 02 Wendefurth, 360 m; 03 Neuwerk, 370 m; 04 Gesundheitsbrunnen, 465 m

Rappbodetalsperre: größte Wasserfläche im Harz

Der 8 km lange Rappbodestausee in den Wäldern zwischen Trautenstein und Wendefurth bildet die größte Wasserfläche im Harz. Kernstück des Talsperrensystems, das die Rappbode und andere Oberläufe der Bode zum Zweck der Trinkwasser- und Energiegewinnung sowie des Hochwasserschutzes staut, ist die 1959 in Betrieb genommene Rappbodetalsperre, mit 106 m die höchste Staumauer im Harz. Dem Hauptbecken vorgelagert sind zum Zweck der Wasservorklärung die Rappbodevorsperre bei Trautenstein und die Hasselvorsperre bei Hasselfelde. Ein Stausee mit Wassersportmöglichkeit ist die Talsperre Wendefurth: Baden, Ruderboot, Kanu, Tretboot und Staumauerwalking sind nur im Stauabschnitt Wendefurth möglich, da dieser als einziger Ostharzstausee nicht für die Trinkwasserversorgung genutzt wird.

Gang über die Hängebrücke **Titan RT**, die mit 483 m längste Fußgänger-Hängebrücke in Deutschland, fällt der Blick aus der Vogelperspektive zur Mündung der Rappbode in die Bode, die unterhalb der Mündung zur Talsperre Wendefurth aufgestaut ist. Nach dem Ausstieg aus der Hängebrücke führt ein Weg durch die Talflanke hinab zum **Pumpspeicherwerk Wendefurth**, wo sich auch der Ausstieg der Megazipline befindet. Von dort führt ein Werksweg zum Freizeitbereich an der **Talsperre Wendefurth** 02 mit Bootsverleih, Staumauerwalking, Restaurants und Hotels am Fernwanderweg Hexenstieg. Der mit dem Zeichen einer auf einem Besen reitenden

Rappbode Hängebrücke.

Hexe markierte Hexenstieg wechselt oberhalb der Talsperre in den Hang des Wendefurther Bergs und führt talaufwärts mit Blick auf Titan RT, Megazipline und Gigaswing sowie die dahinter aufragende Rappbodetalsperre.

Die erste Schlinge des Bodetals entzieht diese modernen Fun-Geräte dem Blick, und wie vor 1000 Jahren geht es im Rauschen der Bode und der Bäume talaufwärts. Im ersten Dorf, **Neuwerk** **03**, überspannt die Brücke der 1887 eröffneten Industriebahn die Bode. Nach Überqueren des Viadukts, das von Kraftfahrzeugen nicht befahren werden darf, zweigt an der Busendhaltestelle Neuwerk Hamburg der mit einem blauen Rechteck markierte Wanderweg zum **Gesundheitsbrunnen** **04** ab, einer in Stein gefassten Quelle im Hang des Harmsbergs, Sitzbänke laden zur Rast ein. In den Wäldern des Harmsbergs schlängelt sich der Wanderweg zurück zum Ausgangspunkt an der **Rappbodetalsperre** **01**.

STEMBERGHAUS – TALSPERRENBLICK – ROTESTEIN

Kohlenmeiler im Reich der Talsperren

8,4 km | 2:15 h | 390 hm | 390 hm

START | Stemberghaus (475 m), Museumsköhlerei an der Bundesstraße B 81 bei Hasselfelde.
[GPS: UTM Zone 32 x: 630.944 m y: 5.731.776 m]
CHARAKTER | Leichte Waldwanderung auf passagenweise steilen Wegen.

Harzer Käsesalat.

Der Rotestein über dem Rappbodestausee zählt zu den besten Aussichtspunkten im Unterharz, auch der Talsperrenblick hoch über der Talsperre Wendefurth und dem Bodetal bietet ein faszinierendes Panorama.

Von der Harzköhlerei **Stemberghaus** 01 senkt sich der Köhlerpfad (Hexenstieg) im Wald durch den Hang des Großen Stembergs Richtung Altenbrak. Der Pfad verliert rasch an Höhe, bis links der

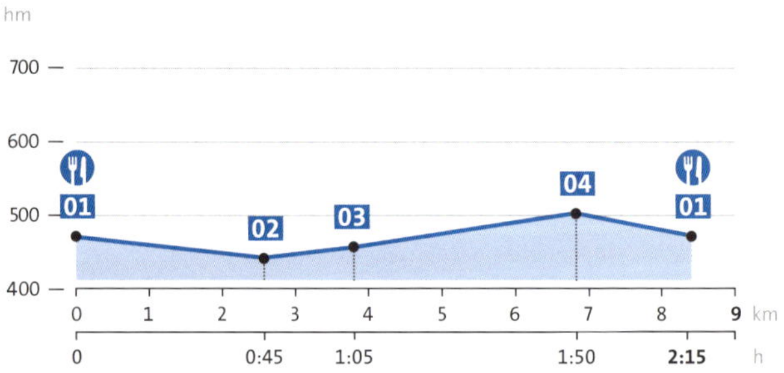

01 Stemberghaus, 475 m; 02 Talsperrenblick, 440 m; 03 Fallrohre, 460 m; 04 Rotestein, 503 m

Harzköhlerei Stemberghaus

Die Harzköhlerei Stemberghaus ist eine Museums-Köhlerei, die auf traditionelle Art und Weise jährlich bis zu 50 Tonnen Holzkohle herstellt. Das Köhlereimuseum informiert über die Entwicklungsgeschichte der Kohleherstellung und die schwierigen Arbeits- und Lebensbedingungen der Köhler. Gastlichkeit und Harzer Kultur werden im Restaurant Köhlerhütte gepflegt, zu den Veranstaltungshöhepunkten am Stemberghaus zählen das Köhlerfest, das Oldtimertreffen und die Köhlerweihnacht.

Aussichtspunkt **Talsperrenblick** 02 mit Stempelkasten hoch über dem Bodetal ausgeschildert ist; hier bietet sich ein weiter Blick auf die Talsperre Wendefurth. Der nun mit einem roten Dreieck markierte Pfad quert die B 81 an der Bushaltestelle **Wendefurth Oberbecken**, wo die Landstraße abzweigt: Ein kurzes Stück geht es an der Landstra-

Eine gemütliche Rastbank lädt zum Verweilen ein.

ße entlang nordwärts, vorbei am Reiterhof und Caravanparkplatz und zum Austritt der jeweils 383 m langen **Fallrohre** 03. Gleich darauf zweigt – noch vor der Stromtrasse – links der Wanderweg ab. Er führt über den Kohlenberg, wendet sich am Ende links, immer wieder mit Blick auf das Pumpspeicherbecken, entfernt sich schließlich vom Becken, dann ist rechts der Abstecher zum Aussichtspunkt **Rotestein** 04 ausgeschildert: Von der natursteingemauerten Aussichtsplattform fällt der Blick auf die Wasserfläche des Rappbodestausees, an klaren Tagen sind Brocken und Wurmberg zu sehen.

Vom Aussichtspunkt geht es zurück zum Hauptwanderweg und auf diesem rechts, bis der Hexenstieg kreuzt und links zum Ausgangspunkt am **Stemberghaus** 01 zurückführt.

Frosch am Wegrand.

HIRSCHBRUNNEN – PETERSTEIN – ZILLIERBACH

Rund um die Zillierbachtalsperre

9,2 km | 2:30 h | 220 hm | 220 hm

START | Waldgasthaus Zum Hirschbrunnen (470 m), Unter den Birken 15 in Elbingerode.
[GPS: UTM Zone 32 x: 623.592 m y: 5.738.035 m]
CHARAKTER | Leichte Waldwanderung.

Die Runde besticht durch die Stille der Wälder abseits der Straßen. Einen schönen Blick auf den Trinkwasserstausee im Zillierbachtal bietet der Peterstein.

▶ Der **Hirschbrunnen** 01 am Ende der Stichstraße Unter den Birken ist ein beliebtes Waldausflugsziel bei Elbingerode. Das Waldcafé Zum Hirschbrunnen lädt zu Kaffee und selbst gebackenem Kuchen ein, der namensgebende Brunnen ist in Stein gefasst, mit einem Hirschrelief verziert und spendet erfrischendes Quellwasser, ein überdachter Grill mit Sitzbänken und eine Köhlerhütte laden zum gemütlichen Beisammensein ein, und im Winter beginnt hier die Drei-Annen-Hohne-Loipe.

In Verlängerung der Gasthaus-Zufahrt führt der Waldweg kurz aufwärts, bis an einer Informationstafel des montangeschichtlichen Wanderwegs die gelbe Dreieck-Markierung rechts auf den Weg am Waldrand abzweigt, wo sich

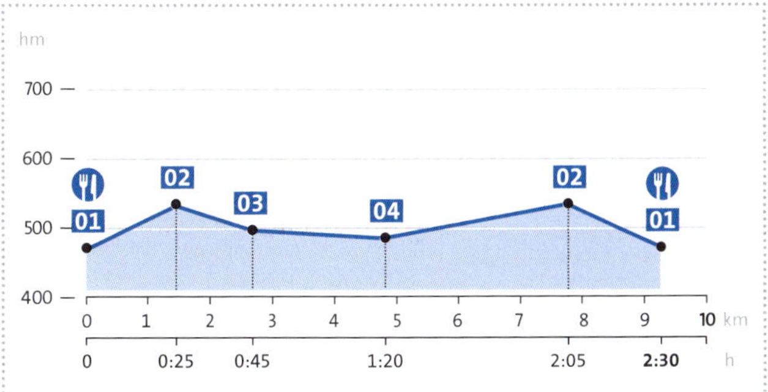

01 Hirschbrunnen, 470 m; 02 Schmidt-Weg, 530 m; 03 Peterstein, 498 m; 04 Zillierbach, 490 m

Vor uns liegt die Zillierbachtalsperre.

eine weite Aussicht auf Elbingerode bietet. An der Wegekreuzung mit Panoramasitzbänken geht es links weiter, wobei neben den Schildern des bergbaugeschichtlichen Wanderwegs die blaue x-Markierung den Weg weist zwischen alten Eisenerz-Pingen und dem Kunstberg-Schacht, am Ende links auf dem **Forstmeister-Schmidt-Weg** 02.

Bevor dieser Weg die Staumauer der Zillierbachtalsperre erreicht, ist rechts der Aussichtspunt **Peterstein** 03 ausgeschildert, ein schöner Platz für eine Rast mit Blick auf die Zillierbachtalsperre. In früheren Jahrhunderten versorgte der Zillierbach viele Mühlen bis hin nach Halberstadt, wo er seinen Namen in Holtemme ändert. Allerdings war er insbesondere im Frühjahr nach der Schneeschmelze für viele Überschwemmungen in Wernigerode verantwortlich. So entschloss man sich, 1931 an dieser Stelle eine Talsperre für den Hochwasserschutz und die Trinkwasserversorgung zu errichten.

Nach Überqueren der Staumauer der Zillierbachtalsperre geht es links ab auf den Talsperren-Rundweg. Er ist bis zum Einlauf des

Talsperre Zillierbach

Die 45 m hohe Talsperre Zillierbach dient dem Hochwasserschutz und der Trinkwasserversorgung, weshalb sie in einem Trinkwasserschutzgebiet liegt. Während der Bauarbeiten 1934-36 wurde ein bronzezeitlicher Weihefund unterhalb des Petersteins entdeckt; er ist im Heimatmuseum in Wernigerode ausgestellt. Die Staumauer wurde 1998-2000 modernisiert, erhöht und auf 3,50 m verbreitert, so dass Wanderer sicheren Fußes den Rundweg um den Stausee begehen können. Während der Modernisierung wurden auch sichtbehindernde Bäume auf der felsigen Peterstein-Kuppe entfernt.

Zillierbachs 04 mit einem roten Dreieck markiert. Nach Überqueren des Zillierbachs auf der Brücke führt ein Waldweg über dem Ostufer des Stausees zurück zur Verzweigung beim aussichtsreichen Peterstein und der Talsperre. Auf dem bekannten Weg geht es rechts zurück zur Abzweigung des **Forstmeister-Schmidt-Wegs** 02 und zum Ausgangspunkt am **Hirschbrunnen** 01.

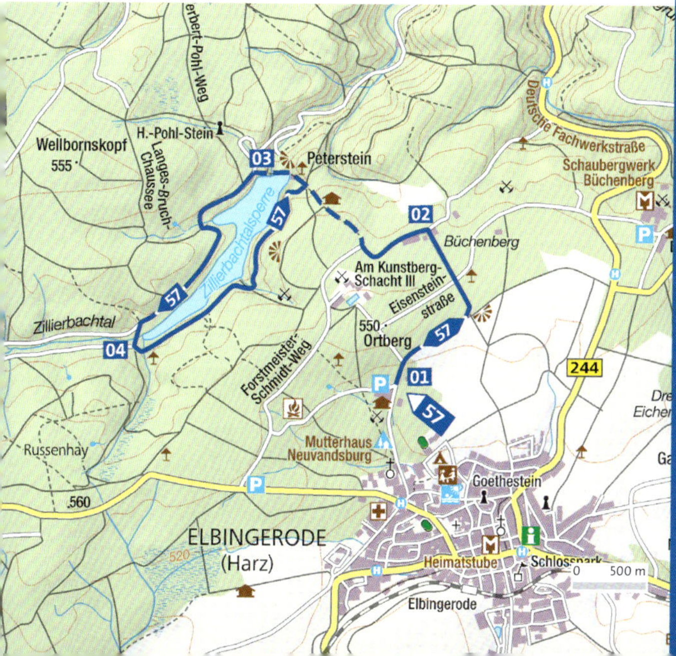

WERNIGERODE ALTSTADT – SCHLOSS – LUSTGARTEN

Fachwerk-Altstadt und Höhenburg

4,3 km | 1:10 h | 220 hm | 220 hm

START | Sylvestrikirche (245 m) am Oberpfarrhof in der Altstadt von Wernigerode, Parkplätze und Parkhäuser sind ausgeschildert. [GPS: UTM Zone 32 x: 622.886 m y: 5.743.866 m]
CHARAKTER | Leichte Stadt- und Parkwanderung.

Von der Fachwerk-Altstadt von Wernigerode geht es hinauf zum Schloss Wernigerode, einer als Museum zugänglichen Höhenburg mit Blick auf den Nordharz. Einen weiteren Glanzpunkt setzt der Lustgarten, eine Parkanlage mit Blick zurück zum Schloss und über Wernigerode hinweg ins Harzvorland.

▶ **Wernigerode** wartet mit einem restaurierten Altstadtkern im Holtemmetal rund um den Marktplatz und das historische Rathaus auf. Überragt werden die Fachwerkhäuser der Altstadt vom neugotischen Schloss mit dem Museum für Kunst- und Kulturgeschichte des 19. Jahrhunderts. Zum Schloss gehören die Parkanlagen Lustgarten, Tiergarten und Terrassengärten, im Herbst verwandelt sich der Innenhof anlässlich der Wernigeröder Schlossfestspiele in eine Konzert- und Opernbühne. Südlich von Marktplatz und Harzmuseum steht am Oberpfarrkirchhof die im Kern romanische **Sylvestrikirche** 01, auf deren Ostseite der Teichdamm verläuft und schräg links zur

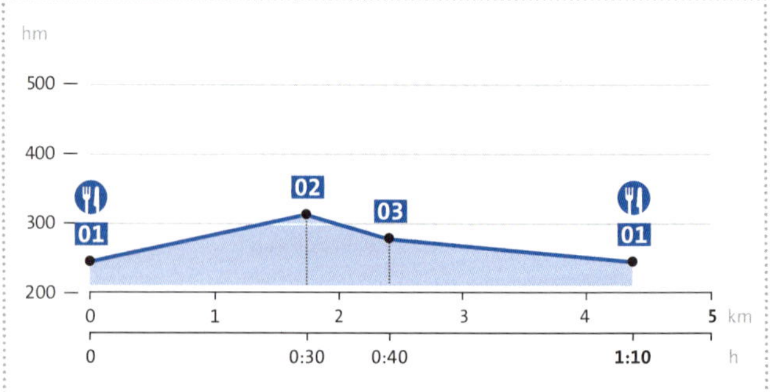

01 Sylvestrikirche, 245 m; 02 Schloss, 310 m; 03 Lustgarten, 280 m

Schloss Wernigerode

Schloss Wernigerode wurde 1862-81 im Stil einer mittelalterlichen Höhenburg umgebaut, es beherbergt das Museum Zentrum für Kunst- und Kulturgeschichte des 19. Jahrhunderts und gehört zusammen mit den Parkanlagen Lustgarten, Tiergarten und Terrassengärten zur Kulturstiftung Sachsen-Anhalt. Im Inneren sind fast 50 zum Teil original eingerichtete Räume zu besichtigen. Im Mittelpunkt der Wernigeröder Schlossfestspiele im Sommer stehen Opernaufführungen im Innenhof. Im Mittelalter sicherte die Burg den Weg deutscher Könige und Kaiser auf Jagdausflügen. Im 16. Jahrhundert wurde die Burg zur Renaissancefestung umgebaut. Nach Verwüstungen im Dreißigjährigen Krieg initiierte Graf Ernst zu Stolberg-Wernigerode den Umbau zum barocken Residenzschloss.

Marktstraße führt: Den Altstadtbereich am Marktplatz heben wir uns für den Schluss der Tour auf, zunächst folgen wir der Marktstraße rechts und zweigen die erste links (Oberengengasse) zur **Liebfrauenkirche** ab, deren neugotischer Turm bestiegen werden kann. Oberhalb der Kirche folgt der Europäische Fernwanderweg 11 der Burgstraße kurz rechts, passiert die restaurierte Stadtmauer an der B 244 und wendet sich dann links: Gleich darauf beginnt der aussichtsreiche **Schlossaufstieg**, der am **Forellenbrunnen** **02** auf den Blumeweg trifft: Der Blumeweg führt rechts weiter, zuletzt geht es links hinauf zum **Schloss Wernigerode** **03**.

Vom Schloss zeigt die Beschilderung weiter zum **Lustgarten** **04**. Der Lustgarten auf einer nach

Wernigerode Markt Rathaus.

Norden vorgeschobenen Terrasse unterhalb des Schlosses wurde im 16. Jahrhundert angelegt, um 1800 zum englischen Park umgestaltet und für die Landesgartenschau 2006 grundlegend saniert. Am Palmenhaus, der einstigen Orangerie, verlassen wir die Parkanlage rechts (Lindenallee), gleich links (Walther-Rathenau-Straße), gleich wieder rechts (Grubestraße), erneut gleich links und dann rechts durch die Große Schenkstraße zur Breiten Straße, die zwischen Gastrobetrieben und Geschäften links zum **Marktplatz** mit dem **Rathaus** in der Altstadt von Wernigerode führt. Den Marktplatz verlässt neben dem Rathaus die Gasse Klint, an der das **Harzmuseum** steht. Das Museum am Klint 10 dokumentiert Fachwerkbau, Handwerk, Mineralien, Gesteine und Bergbau und präsentiert Gemälde und Grafiken von Harzmalern.

Gleich darauf ist der Ausgangspunkt am Oberpfarrhof an der **Sylvestrikirche** 01 wieder erreicht.

Wernigerode Altstadt Schloss.

MÄGDESPRUNG – BALLENSTEDT – GERNRODE

Auf dem Selketal-Stieg

26,9 km | 7:00 h | 540 hm | 570 hm

START | Bahnhof Mägdesprung der Selketalbahn an der Bundesstraße B 185 von Harzgerode nach Ballenstedt. [GPS: UTM Zone 32 x: 647.497 m y: 5.726.482 m]
CHARAKTER | Leichte Wiesen- und Waldwege.

Der Selketal-Stieg folgt dem Fluss durch eines der schönsten Unterharz-Täler zum Barockschloss Meisdorf, wechselt hier in die Wälder am Harznordrand und führt zum Schloss Ballenstedt und in den Luftkurort Gernrode, an dessen Badesee Osterteich die Selketalbahn zurück zum Ausgangspunkt Mägdesprung fährt.

▶ **Mägdesprung** 01 liegt im mittleren Selketal zwischen der Stadt Harzgerode, der ehemaligen Residenz des Fürstentums Anhalt-Bernburg-Harzgerode, und der Viktorshöhe, deren Granitstock den Fluss aus der Nordrichtung nach Osten ablenkt. Die Geschicke des Orts wurden durch eine 1646 gegründete anhaltinische Eisenhütte geprägt; das **Hüttenmuseum Carlswerk** und die Alte Schmiede in Mägdesprung dokumentieren die Jahrhunderte der Eisenhütte, die unter anderem auf dem Gebiet des Kunstgusses erfolgreich war. Am Carlswerk kann

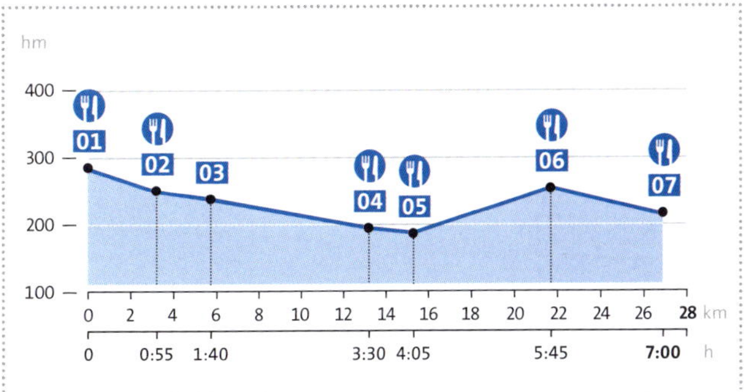

01 Mägdesprung, 290 m; 02 Waldgasthof, 250 m; 03 Selkemühle, 240 m; 04 Zum Falken, 195 m; 05 Meisdorf, 190 m; 06 Ballenstedt, 260 m; 07 Osterteich, 211 m

Bückenmühle
Bückeberg
250
Gernrode
Dicker Stein
Straße der Romanik
Schierberge
Roseburg
Stiftskirche
St. Cyriakus
Hist. Rathaus
GERNRODE
Fürstenweg
59
Kuckucksuhrenfabrik
Osterberg
Schwesternweg
Osterteich
07
Ostergrund
Forsthaus
330
Buttlars
Haferfeld
Heiliger Teich
185
Amtmannsweg
Röhrteich
Selketalbahn
Sternhaus/
Haferfeld
Sühne-
kreuz
Mittelberg
372
Riedrische Drift
Alexanderstraße
Sternhaus
Sternhaus/
Ramberg
Bärweg
Hohe Warte
375
Meiseberger Weg
ehem.
Jagdschloss
Meiseberg
Leimuferstraße
03
Forsthaus
Scheerstieg
Schneidemühle
Selke
Selkemühle
Heinrichsburg
01
Wolfs-
warte
Carlswerk
Erster
Hammer
02
Vierter
Hammer
Gr. Hausberg
398
Burgruine
Anhalt
Dritter
Hammer
Mägde-
trappe
Zweiter
Hammer
Stahlhammer
Scheerenstieg
Herzog-
Alexis-
Erbstollen
Köthener
Hütte
Wasserfall
Mühlweg
Liebesbank
411
Apfelberg
Wilhelmshof
407
Krausehütte
Schiebecksköpfe
HARZGERODE
395
Hist. Rathaus

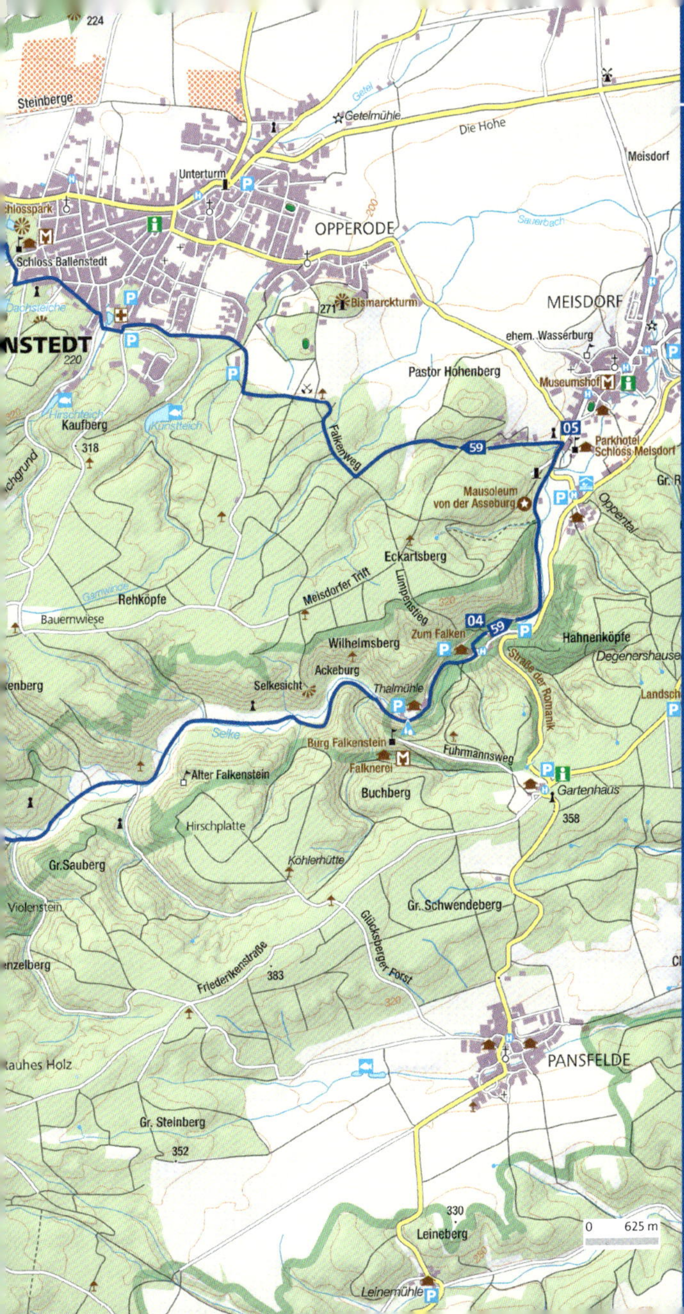
224
Steinberge
Getel
Getelmühle
Die Hohe
Meisdorf
Unterturm
Schlosspark
Schloss Ballenstedt
OPPERODE
200
Sauerbach
Dachsteiche
271
Bismarckturm
MEISDORF
NSTEDT
220
ehem. Wasserburg
Pastor Hohenberg
Museumshof
Hirschteich
Kaufberg
Kunstteich
318
Falkenweg
59
05
Parkhotel
Schloss Meisdorf
Gr. R
Mausoleum
von der Asseburg
Oppental
Eckartsberg
Meisdorfer Trift
Lumpenstieg
Rehköpfe
Bauernwiese
320
04
59
Zum Falken
Hahnenköpfe
Degenershause
Wilhelmsberg
Ackeburg
Selkesicht
Thalmühle
Straße der Romanik
Landsch
Selke
Burg Falkenstein
Fuhrmannsweg
Alter Falkenstein
Falknerei
Buchberg
Gartenhaus
358
Hirschplatte
Gr.Sauberg
Köhlerhütte
Violenstein
Gr. Schwendeberg
Glücksberger Forst
Friederikenstraße
383
320
PANSFELDE
Rauhes Holz
Gr. Steinberg
352
330
Leineberg
Leinemühle
0
625 m

Burg Falkenstein wacht über dem Selketal.

man wählen, ob man dem Selketal-Stieg auf der Stichstraße folgt oder die Selke überquert und auf dem Pfad im Wald über dem rechten Ufer wandert. Das felsige Tal ist hier sehr eng, an der **Lampe** an der engsten Stelle des Tals stehen die Felsen auf beiden Seiten des Flusses nur 15 m voneinander entfernt. Am Vierten Hammer kann man den Hunger im **Selketaler Waldgasthof** 02 stillen, und an der ehemaligen **Selkemühle** 03 beginnt das Naturschutzgebiet Selketal (vgl. Tour 24).

Oben grüßt die Burg Falkenstein ins Tal hinab, der Steig führt zum Hotel **Zum Falken** 04 und zum barocken **Schloss Meisdorf** 05.

Ballenstedt – Schloss vor den Gegensteinen

Ballenstedt am Harznordrand war Stammsitz der Askanier, die unter Markgraf Albrecht dem Bären († 1170) den nachmaligen brandenburgischen Staat schufen. Die Burg wurde 1043 in ein geistliches Stift umgewandelt, im 18. Jahrhundert zum Schloss um- und ausgebaut und fungiert heute als Museum. 1765-1863 war Ballenstedt Residenz des Fürsten- bzw. Herzogtums Anhalt-Bernburg, der Schlosspark wurde nach Plänen Joseph Peter Lennés angelegt. Am Felsmonument Gegensteine nördlich der Stadt erreicht die Teufelsmauer ihr östliches Ende. Der Große und der Kleine Gegenstein sind freistehende Sandsteinfelsen, der Große kann auf Stufen und Treppen erstiegen werden, auf seinem Gipfel ließ der Fürst von Anhalt 1863 ein Kreuz errichten; am Kreuz bietet sich ein weiter Ausblick auf den Unterharz und über das Harzvorland. Der Kleine Gegenstein wird wegen seines Echos auch „der Laute" genannt; in ihm haust der Teufel und bewirft jeden, der das Echo zu oft auszuprobieren versucht, mit Steinen.

Gegensteine Ballenstedt.

Hier verlässt der Wanderweg das Selketal und führt links durch die Wälder zum Schlosspark in **Ballenstedt** 06 mit eindrucksvollem Blick auf die Felsformation Gegensteine. Im Wald geht es westwärts weiter mit Blick auf die Roseburg, wenig später erreicht der Wanderweg am Ortsrand von Gernrode den Badesee **Osterteich** 07 mit der gleichnamigen Haltestelle der Selketalbahn: Die Bahn fährt zurück zum Ausgangspunkt **Mägdesprung** 01.

Bahnhof Gernrode.

60

GERNRODE – BAD SUDERODE – QUEDLINBURG

Finale des Selketal-Stiegs

14,7 km | 3:45 h | 250 hm | 390 hm

START | Bedarfshaltestelle Osterteich (211 m) der Selketalbahn; Parkplatz Osterteich an der Osterallee am östlichen Ortsrand von Gernrode.
[GPS: UTM Zone 32 x: 649.281 m y: 5.732.265 m]
CHARAKTER | Leichte Wald- und Wiesenwege.

Vom Badesee Osterteich bei Gernrode führt der Selketal-Stieg ins Jugendstil-Solebad Bad Suderode und erreicht im Harzvorland seinen Endpunkt in der Weltkulturerbe-Altstadt von Quedlinburg; die Selketalbahn fährt zurück zum Ausgangspunkt.

Gernrode Stiftskirche.

Der im Ostergrund aufgestaute **Osterteich** 01 ist das Waldbad von Gernrode. Das ungechlorte Wasser hat eine ausgezeichnete

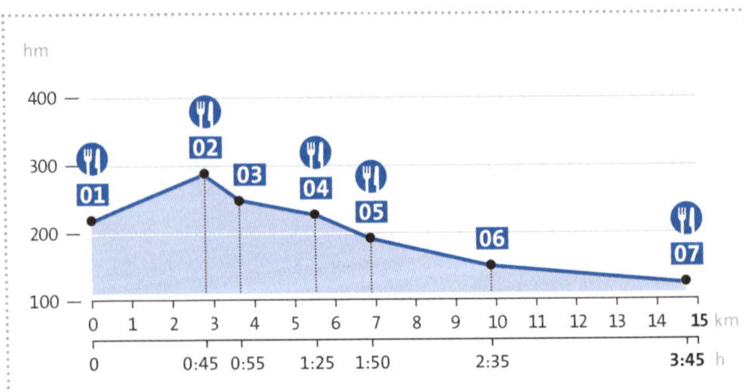

01 Osterteich, 211 m; 02 Stubenberg, 290 m; 03 Hagental, 250 m; 04 Bad Suderode, 230 m; 05 Bückemühle, 190 m; 06 Quarmbeck, 150 m; 07 Quedlinburg, 120 m;

QUEDLINBURG
Schlossmuseum
Schloss- u. Stiftskirche
Marktkirche
Klopstock-museum
Basilika St. Wiperti
Altenburgwarte
Abteigarten u. Brühlpark
Bode
Selketalbahn
Straße der Romanik
Quarmbach
QUARMBECK
Quarmbeck
Wellbach
Lethturm
Schäfer-eiche
SUDERODE
Bad Suderode
Bückenmühle
Bückeberg
250
Gernrode
GERNRODE
Kurzentrum
Stiftskirche St. Cyriakus
Hist. Rathaus
Kuckucksuhrenfabrik
Osterberg
Osterteich
Preußen-turm
Grenzweg
Heckenrosenweg
Försterblick
Hagentalbach
Ostergrund
Spinne
0 500 m
01
02
03
04
05
06
07
60

Selketalbahn bis Quedlinburg

Der Bahnhof Gernrode der Selketalbahn befindet sich im Norden des romanischen Kirchorts zu Füßen des Bückebergs; seit Eröffnung der Selketalbahn 1887 war er der nördliche Endbahnhof der ältesten Harzer Schmalspurbahn. 2005/06 wurde die Selketalbahn 8,5 km bis nach Quedlinburg verlängert und der Kopfbahnhof in Gernrode zum Durchgangsbahnhof umgebaut. Seither verkehren täglich sieben Züge zwischen Gernrode und Quedlinburg, darunter zwei mit Dampfbespannung.

Qualität, es gibt Liegewiesen und einen Sandstrand, an der Bedarfshaltestelle Osterteich am Westufer beginnt die Selketalbahn ihre Bergfahrt Richtung Harzgerode. Der Selketal-Stieg folgt der Bahnlinie kurz in entgegengesetzter Richtung und zweigt dann links in die bewaldeten Hänge von Osterberg und **Stubenberg** 02 ab; auf dem Stubenberg thront ein Panoramahotel.

Auf dem Stubenbergsweg geht es hinab zum Mensingteich, einem Absetzbecken für Eisenoxydschlamm im **Hagental** 03, und

Quedlinburg.

weiter durch die Wälder oberhalb von Gernrode, dann senkt sich der Weg zum Kurpark von **Bad Suderode** 04. Das Soleheilbad mit seinem filigranen Architekturensemble aus der Gründerzeit verdankt seinen guten Ruf dem Behringer Brunnen: Mit mehr als 2.500 mg Calcium pro Liter zählt er zu den stärksten Calciumquellen Europas. Wahrzeichen des Kurorts ist der Brunnentempel im Kurpark.

Der Selketal-Stieg folgt dem Bachtal nordwärts mit eindrucksvollen Blicken Richtung Teufelsmauer. Nach Passieren des Bahnhofs Bad Suderode vereinigt sich der Selketal-Stieg an der historischen Gaststätte **Bückemühle** 05 mit dem Jakobsweg.

Im siedlungsfreien Abschnitt des Quarmachtals wechselt der Wanderweg vor **Quarmbeck** 06 beim gleichnamigen Selketalbahn-Bahnhof die Talseite und führt in das Altstadtzentrum von **Quedlinburg** 07 nahe des Bahnhofs. Die Quedlinburger Altstadt mit 1300 Fachwerkhäusern aus sechs Jahrhunderten und zahlreichen Jugendstilbauten steht als eines der größten Flächendenkmäler Deutschlands als Weltkulturerbe unter dem Schutz der UNESCO.

MEINE TIPPS FÜR ...

> schlechtes Wetter

Die Brockenbahn
Die Brockenbahn ist die bekannteste Gebirgsbahn Norddeutschlands. Bis zu zwölfmal täglich dampft die 1000-mm-Bahn auf den höchsten Berg im deutschen Norden, den sagenumwobenen Brocken (1142 m). Die von den Harzer Schmalspurbahnen (HSB) betriebene Bahn zweigt in Drei Annen Hohne bei Wernigerode von der Harzquerbahn ab, fährt in den heilklimatischen Kurort und Wintersportplatz Schierke (687 m) und dann im Nationalpark Harz zum Brockenbahnhof (1125 m), dem höchstgelegenen Bahnhof aller deutschen Adhäsions-Schmalspurbahnen. Die 19 km lange Strecke wird im Sommer täglich von mindestens zehn und im Winter von bis zu sechs Zugpaaren täglich befahren.

Rammelsberg bei Goslar
Als erstes großflächiges Technikdenkmal in Deutschland wurde der Rammelsberg im Harz 1992 von der UNESCO zum Kulturerbe der Menschheit erklärt als eine der bedeutendsten Bergbaustätten der Erde. Als weltweit einziges Bergwerk kann es eine mehr als 1000-jährige Betriebskontinuität nachweisen. Nach neuesten Erkenntnissen wurden schon im 3./4. Jahrhundert Erze abgebaut, sodass der Rammelsberg mit einer über 1500-jährigen Bergbaugeschichte zu den ältesten noch erhaltenen Bergwerken überhaupt zählt. Weit über den technischen Aspekt hinaus hat der „Silberberg“ die wirtschaftliche, soziale und kulturelle Entwicklung der Region maßgeblich geprägt.

Ab 1989 wurde der geschichtsträchtigste und markanteste technische Denkmalkomplex der Bergbauregion Harz in ein Besucherbergwerk mit

Die Brockenbahn.

Die Kästeklippen über dem Okertal.

Bergwerksmuseum umgewandelt. Diese Dokumentation von zehn Jahrhunderten Bergbaugeschichte über und unter Tage zählt mit 20.000 m^2 zu den flächenmäßig größten Museen Deutschlands.

Okertal

Das Okertal ist ein Treffpunkt für Wildwasserkanuten und eines der bedeutendsten Klettergebiete des Harzes. Über den Romkerhaller Felsen rauscht seit 1863 ein Wasserfall, der im gefrorenen Zustand eines der Highlights norddeutscher Eisklettereien bildet. Auch aus geologischer Sicht ist das zwischen Harznordrand und Okerstausee tief eingeschnittene Okertal eine Perle: Wie in einem Geologielehrbuch präsentiert dieses imposanteste Tal des Westharzes die Gesteine, aus denen das Gebirge aufgebaut ist. Der Okerstausee ist das größte künstliche Gewässer des Westharzes. Bei vollem Stau fasst der „Vierwaldstätter See" des Harzes 47,4 Mio. m^3 Wasser.

Der Harzfalkenhof

Der Harzfalkenhof in Bad Sachsa ist ein Greifvogelpark, dessen Ziele Greifvogelschutz, Greifvogelzucht und Falknerei sind. Das 4 ha große Gelände am Katzenstein, einem Vorberg des Ravensbergs, besteht seit 1964 und wird in Privatinitiative betrieben. Bei gutem Wetter finden im Sommer zweimal täglich Flugvorführungen statt. Zu den Vögeln im Harzfalkenhof zählen Weißkopfseeadler, Gaukleradler, Schneeeulen, Schnee-, Gänse-, Bengal- und Truthahngeier, Stein- und Steppenadler, Mäusebussard, Rot- und Schwarzmilan, Habicht, Sperber, Waldohreule, Schleiereule, Steinkauz, Raufußkauz, Turm- und Wanderfalke usw.

Der Gipfelaufbau der Felsburg Regenstein.

Einhornhöhle

Die Einhornhöhle beeindruckt vor allem durch die Schönheit ihrer natürlichen „Hallen". Ihr berühmtester Raum ist die Blaue Grotte, in die Tageslicht einfällt. Wie die benachbarte Steinkirche war die Einhornhöhle bereits in der Altsteinzeit bekannt. Besichtigt werden kann die Höhle im Rahmen einer Führung von Mitte März–Ende Okt. (täglich 11–17 Uhr).

GeoPark Infozentrum Einhornhöhle
Haus Einhorn OT Scharzfeld
37412 Herzberg am Harz
Tel. 05521/99 75 59
www.einhornhoehle.de

Felsenburg Regenstein

Der Regenstein (294 m) bei Blankenburg im nördlichen Harzvorland ist eine der markantesten Felsenburganlagen Deutschlands. Das isoliert aufragende Sandsteinmassiv fällt nach Norden zu in einem mauerartigen Abbruch fast 100 m senkrecht ab. In das weiche, von Eisenkonglomeraten durchzogene Gestein wurden Räumlichkeiten geschlägelt, die im Mittelalter als Schlafgemächer, Pferdeställe, Festsäle u.a. dienten. Die ursprüngliche Anlage von höhlenartigen Räumen erfolgte wahrscheinlich schon während der Jungsteinzeit.

Im christlichen Mittelalter wurde der Regenstein in eine Raubgrafenburg umgewandelt: Die Regensteiner Grafen waren ein gefürchteter Clan, der weitere zwölf Burgen im Bereich des Nordharzes besaß und von Wegelagerei und anderen kriminellen Aktivitäten lebte; im 14. Jh. wurde die Herrschaft dieser Räuber gebrochen. 1757 wurde eine zwischenzeitlich auf dem Regenstein errichtete Festung von französischen Truppen gesprengt.

Heute präsentiert sich das Gelände als Freilichtmuseum mit erstklassigem Blick zum Brocken.

Quedlinburg

Die Quedlinburger Altstadt mit 1300 Fachwerkhäusern aus sechs Jahrhunderten und zahlreichen Jugendstilbauten steht als eines der größten Flächendenkmäler Deutschlands als Weltkulturerbe unter dem Schutz der UNESCO. Im zum Teil noch ummauerten historischen Stadtkern sind 800 Häuser als Einzeldenkmäler ausgewiesen, meist aus dem 17./18. Jh. Quedlinburg entstand aus einem Burgdorf und mehreren Ansiedlungen, die damalige Altstadt und die Neustadt verschmolzen 1330 zu einer Doppelgemeinde mit gemeinsamer Stadtmauer. Dieses zusammenhängende städtische Gefüge mit drei gotischen Hallenkirchen und dem im Kern spätgotischen Rathaus (an der Südwestecke der Roland, 1427) bestimmen den Charakter des Orts. Überragt wird die Altstadt vom Burgberg mit dem Schloss (16.–18. Jh., Museum) und der 1129 geweihten romanischen Stiftskirche St. Servatii, die von der UNESCO als „architektonisches Meisterwerk" bezeichnet wird. Im Gründungsbau wurden König Heinrich I. (936) und seine Frau Mathilde (968) beigesetzt; die Gräber befinden sich in der Krypta. Neben Aachen und Halberstadt beherbergt die Stiftskirche den wertvollsten Kirchenschatz des Mittelalters. Vom Burgberg aus bietet sich ein hervorragender Blick auf das verwinkelte Spitzgiebel- und Türmegewirr der Stadt, zu dessen ältesten Profanbauten der „Alte Klopstock" zählt; dieser Fachwerkbau trägt seinen Namen nach einem der berühmten Söhne Quedlinburgs, dem Odendichter Friedrich Klopstock (1724–1803).

Tiefblick vom Roßtrappenfelsen.

WEITWANDERWEGE IM HARZ

Harzklub

Der Harzklub betreut und unterhält als Heimat-, Wander- und Naturschutzbund das Wanderwegesystem im Harz und veranstaltet Wanderungen.
Harzklub e. V.,
Bahnhofstraße 5a,
38678 Clausthal-Zellerfeld,
Tel. 05323/81758,
www.harzklub.de

Europäischer Fernwanderweg 6 (44 km):
Goslar – Okertal – Altenau – Acker – Sieber – Großer Knollen – Scharzfeld

Europäischer Fernwanderweg 11 (134 km):
Seesen – Goslar – Bad Harzburg – Ilsenburg – Wernigerode – Kloster Michaelstein – Blankenburg – Teufelsmauer – Rosstrappe – Bodetal – Thale – Stecklenberg – Ballenstedt – Selketal – Wippra

Harzer Hexenstieg (93 km):
Osterode – Brocken – Thale.

Der Harzer Hexenstieg ist der Fernwanderweg über das höchste Bergland im Norden Deutschlands. In relativ bequemer Routenführung leitet er von Osterode durch den Nationalpark Harz auf den sagenumwobenen Brocken, Deutschlands bekanntesten „Hexentanzplatz". Als „Qualitätsweg" zählt er zu den Top-Fernwanderwegen der Bundesrepublik.
www.hexenstieg.de

Kaiserweg (101 km):
Bad Harzburg – Königskrug – Walkenried – Nordhausen – Kyffhäuser – Tilleda

Hauptwanderweg Bad Harzburg – Nordhausen (66 km):
Bad Harzburg – Ilsenburg – Wernigerode – Blankenburg – Thale – Gernrode – Ballenstedt – Alexisbad – Straßberg – Auerberg – Stolberg – Hainfeld – Nordhausen

Karstwanderweg (233,2 km)
Führt durch den Landkreis Mansfeld-Südharz, den Landkreis Nordhausen und den Landkreis Osterode am Harz.
www.karstwanderweg.de

Wanderbuslinie mit Rangerbegleitung

Die Buslinie 288 Wernigerode – Ilsenburg – Elbingerode – Wernigerode verbindet einige der schönsten Wanderziele im sachsen-anhaltinischen Teil des Nordharzes und des Nationalparks Hochharz. Sie fährt dienstags, donnerstags und samstags von Wernigerode über Darlingerode nach Ilsenburg und weiter zur Plessenburg (kein Autoverkehr), zur Steinernen Renne und nach Drei-Annen-Hohne, von dort via Elbingerode zurück nach Wernigerode. Ab Ilsenburg begleiten Nationalparkranger die Fahrgäste und bieten geführte Wanderungen an. Weitere Auskünfte erteilen die Harzer Verkehrsbetriebe (www.hvb-harz.de) bzw. der Nationalpark (www.nationalpark-harz.de).

Wege Deutscher Kaiser und Könige des Mittelalters

Die ab 1996 eingerichteten „Wege Deutscher Kaiser und Könige des Mittelalters“ sind ein ständig erweitertes Verbundsystem von (Strecken-) Wanderwegen, an denen Tafeln ausgezeichnete Infos über die Zeit des frühen und Hochmittelalters bieten, als der Harz ein Zentrum der Reichspolitik war. Der zunächst eröffnete Hauptstrang dieser Themenwanderwege, die bereits existierenden Wanderrouten folgen, führt von Wernigerode über Elbingerode nach Königshütte am Zusammenfluss von Kalter und Warmer Bode (dort die „Königsburg“), weiter nach Rübeland, zum Eggeröder Brunnen und zum Kloster Michaelstein. Mittlerweile ist das Wegesystem erweitert worden bzw. wird erweitert bis Goslar im Nordwesten und bis Tilleda am Fuß des Kyffhäusergebirges. Geplant und realisiert wird das Wanderwegesystem von einer regionalen Projektgruppe, zu deren Kooperationspartnern der Regionalverband Harz, die Landkreise und Kommunen der Region sowie der Harzklub gehören.

Zwischen Teufelskanzel (rechts) und Hexenaltar, Blick zum Wurmberg.

Der Europäische Fernwanderweg 6

Der Europäische Fernwanderweg 6 führt in zwei Tagesetappen von Goslar im Norden nach Scharzfeld im Süden durch den Westharz. Die Südetappe (Altenau – Scharzfeld) ist in Tour 40, ein Teil der Nordetappe (Goslar – Okerbrücke) in Tour 48 beschrieben. Wer den Westharz komplett auf dem E 6 von Goslar nach Scharzfeld durchwandern will, überquert an der Brückenschänke die Okerbrücke und folgt den x-Markierungen über den bewaldeten Kamm des Dietrichsbergs weiter nach Altenau (Gehzeit ab Brückenschänke ca. 2 Std.).

ÜBERNACHTUNGSVERZEICHNIS

€ unter 30 EUR €€ 30 - 60 EUR €€€ über 60 EUR
(pro Pers/DZ/incl. Frühstück)

Bad Harzburg.. Plz 38667, Tel. (0) 5322
Vitalhotel am Stadtpark €€, Am Stadtpark 2, Tel. 78090, www.vitalhotel-am-stadtpark.de
Hotel Seela €€, Nordhäuser Str. 5, Tel. 7960, www.hotel-seela.de
Hotel Victoria €€, Herzog-Wilhelm-Str. 74, Tel. 78050, www.harz-hotelvictoria.de
Hotel Am Eichenberg €€, Fritz-König-Str. 17, Tel. 96210, www.hotel-am-eichenberg.de
Hotel Haus Prinz €€, Hindenburgring 1, Tel. 96220, www.haus-prinz.de
Romantik Hotel Braunschweiger Hof (€€€), Herzog-Wilhelm-Str. 54, Tel. 7880, www.hotel-braunschweiger-hof.de
Solehotel Tannenhof €€- €€€, Nordhäuser Str. 6, Tel. 96880, www.solehotels.de

Bad Lauterberg.. Plz 37431, Tel. (0) 5524
Hotel Panoramic €€- €€€, Dietrichstal 1, Tel. 9620, www.panoramic-hotel.net
Mühl Vital Resort €€€, Ritscherstr. 1-3, Tel. 85080, www.vitalresortmuehl.de
Hotel Riemann €€, Sebastian-Kneipp-Promenade 1, Tel. 92790, www.riemann-hotel.de
Parkhotel Weber-Müller €€, Sebastian-Kneipp-Promenade 33, Tel. 9600, www.harz-parkhotel.de
Hotel am Kurpark €€, Sebastian-Kneipp-Prom. 4, Tel. 92450, www.harzhotel.net
Hohe Tanne €€, Kummelstr. 4, Tel. 92070, www.hohetanne.de

Braunlage ....Plz 38700, Tel. (0) 5520
MARITIM Berghotel €€- €€€, Am Pfaffenstieg, Tel. 8050, www.maritim.de
Hotel Altes Forsthaus €€, Harzburgerstr. 7, Tel. 9440, www.forsthaus-braunlage.de
Pension Winkel €€, Bismarckstr. 5, Tel. 804668, www.harzidyll.de
Hotel Hasselhof €€, Schützenstr. 6, Tel. 3041, www.hotel-hasselhof.de

Clausthal/Zellerfeld... Plz 38678, Tel. (0) 5323
Ringhotel Zum Harzer €€, Treuerstr. 6, Tel. 9500, www.zum-harzer.de
Hotel Goldene Krone €€, Kronenplatz 3, Tel. 9300, www.goldenekrone-harz.de
Waldhotel Untermühle €€, Untermühle 1, Tel. 983098, www.untermuehle-harz.de

Goslar... Plz 38640, Tel. (0) 5321
Hotel Niedersächsischer Hof €€, Klubgartenstr. 1-2, Tel. 3160, www.niedersaechsischerhof-goslar.de
Hotel Der Achtermann €€, Rosentorstr.20, Tel. 70000, www.der-achtermann.de
Altstadt-Hotel Gosequell €€, An der Gose 23, Tel. 34050, www.hotel-gosequell.de
Ramada Hotel Bären €€, Krugwiese 11a, Tel. 7820, www.ramada.de
Hotel Kaiserworth €€€, Markt 3, Tel. 7090, www.kaiserworth.de
Hotel Alte Münze €€, Münzstr. 10-11, Tel. 22546, www.hotel-muenze.de

Herzberg ....Plz 37412, Tel. (0) 5521
Hotel Englischer Hof €€, Vorstadt 8-10, Tel. 89690, www.englischerhof.de
Jägerhof €€, Sägemühlenstr. 34, Tel. 3067, www.jaegerhof-herzberg.de
Hotel „Zum Paradies“ €€, Siebertal 2, Tel. 2483, www.hotel-paradies.de
Landhaus Schulze €€, Osteroderstr. 7, Tel. 89940, www.landhaus-schulze.de

Kelbra .... **Plz 6537, Tel. (0) 34651**
Hotel Kaiserhof €€, Frankenhäuserstr. 1, Tel. 456850,
www.komforthotel-kaiserhof.com
Landhotel Sachsenhof €€, Marktstr. 38, Tel. 4140, www.sachsenhof.de
Barbarossa €€, Am Stausee, Tel. 420, www.barbarossahotel-kelbra.de

Osterode .... **Plz 37520, Tel. (0) 5522**
Zum Röddenberg €€, Steiler Ackerweg 6, Tel. 90540,
www.hotel-zum-roeddenberg.de
Hotel Harzer Hof €€, Bahnhofstr. 26, Tel. 50550, www.hotel-harzer-hof.de
Hotel Haus Börgener €€, Hoelemannpromenade 10A, Tel. 90990,
www.hotel-boergener.de
Hotel Sauerbrey €€, Friedrich-Ebert-Str.129, Tel. 50930, www.hotel-sauerbrey.de

Schierke .... **Plz 38879, Tel. (0) 39455**
Hotel „Brockenstübchen" €€, Brockenstr. 39, Tel. 252, www.brockenstuebchen.de
Waldschlößchen Schierke €€, Hermann-Löns-Weg 1, Tel. 8670, www.travdo-hotels.de
Hotel Brockenscheideck €€, Brockenstr. 49, Tel. 268, www.hotel-brockenscheideck.de

St. Andreasberg .... **Plz 37444, Tel. (0) 5582**
Wellnesshotel Skandinavia €€, Sudetenlandweg 2, Tel. 644,
www.hotel-skandinavia.de
Berghotel Glockenberg €€, Am Glockenberg 18, Tel. 219, www.hotel-glockenberg.de
Hotel Rehberg €€, Clausthalerstr. 4, Tel. 1009, www.rehberg-hotel.de
Hotel Garni Vier Jahreszeiten €€, Quellenweg 3, Tel. 521,
www.vier-jahreszeiten-harz.de
Hotel „In der Sonne" €€, An der Skiwiese 12, Tel. 91800, www.indersonne.de

Stolberg .... **Plz 06536, Tel. (0) 34654**
Stolberger Hof €€, Markt 6, Tel. 320, www.stolbergerhof.de
Hotel Chalet Waldfrieden €€, Rittergasse 77, Tel. 8090, www.hotel-beutel.de
Hotel Zum Bürgergarten €€, Thyratal 1, Tel. 8110, www.hotel-zum-buergergarten.de

Tilleda .... **Plz 06537, Tel. (0) 34651**
Gasthaus Zur Goldenen Gabel €, Goetheplatz 8, Tel. 70570

Wernigerode .... **Plz 38855, Tel. (0) 3943**
Hotel Altora €€, Bahnhofstr. 24-26, Tel. 40995100, www.hotel-wernigerode-altora.de
Villa Ratskopf Wernigerode €€, Unterm Ratskopf 47, Tel. 260808,
www.villa-ratskopf.de
Hotel Blocksberg €€, Harzstr. 53, Tel. 54710, www.hotel-blocksberg.de
Hotel Erbprinzenpalais €€, Lindenallee 27, Tel. 54050, www.erbprinzenpalais.de
Hotel Am Anger €€, Breitestr. 92-94, Tel. 92320, www.hotel-am-anger.de

ORTE / TOURISMUSBÜROS

Altenau
Luftkurort und Wintersportplatz im Okertal im Oberharz.
Tourist-Information,
Tel. 05328/8020,
www.altenau.de

Bad Frankenhausen
Solekurbad am Südfuß des Kyffhäusergebirges, zahlreiche Fachwerkhäuser, Schloss.
Tourist-Information Bad Frankenhausen,
Tel. 034671/71717,
www.bad-frankenhausen.de

Bad Grund
Moorheilbad mit Fachwerkortskern.
Tourist-Information Bad Grund,
Tel. 05327/7007-10,
www.badgrund.de

Bad Harzburg
Soleheilbad und heilklimatischer Kurort am Harznordrand.
Kur-, Tourismus- und Wirtschaftsbetriebe der Stadt Bad Harzburg GmbH,
Tel. 05322/75330,
www.bad-harzburg.de

Bad Lauterberg
Stadtmarketing, Kur und Tourismus Bad Lauterberg,
Tel. 05524/853-190,
www.badlauterberg.de

Ballenstedt
Askanierstammsitz mit Schloss und Lenné-Landschaftspark nahe des Felsmonuments „Gegensteine“ (östliche Ende der Teufelsmauer).
Tourist-Information Ballenstedt,
Tel. 039483/263,
www.ballenstedt.de

Blankenburg
Kurort und Moorheilbad am Harznordrand, Fachwerkkern.
Touristinformation Blankenburg/Harz,
Tel. 03944/2898,
www.blankenburg-tourismus.de

Braunlage
Braunlage Tourismus Marketing GmbH,
Tel. 05520/9307-0,
www.braunlage.de

Clausthal-Zellerfeld
Luftkurort, Wintersportplatz und Universitätsstadt im Oberharz.
Tourist-Information,
Tel. 05323/81024,
www.oberharz.de

Blankenburg, Schloss mit Barockgarten.

Gernrode
Luftkurort an der Straße der Romanik und nördlicher Ausgangspunkt der Selketalbahn; romanische Stiftskirche aus der Zeit der Ottonen.
Gernrode-Information der Quedlinburg-Tourismus-Marketing GmbH
Tel. 039485/93022,
www.harzinfo.de/urlaubsorte/gernrode.html

Goslar
Kaiserstadt am Harznordrand.
GOSLAR marketing gmbh,
Tel. 05321/78060,
www.goslar.de

Hahnenklee-Bockswiese
Heilklimatischer Kurort und Wintersportplatz.
Tourist-Information Hahnenklee
Tel. 05325/5104-0,
www.hahnenklee.de

Harzgerode
„Hauptstadt des Unterharzes" am Selketal mit Schloss und zahlreichen Fachwerkhäusern.
Stadtinformation
Tel. 039484/7476703,
www.harzgerode.de

Herzberg
Stadt im Südharz (die Ortsteile Sieber und Lonau sind Luftkurorte im Oberharz).
Touristik- und Kulturinformation,
Tel. 05521/852111,
www.touristinformation-herzberg.de

Ilfeld
Erholungsort im Beretal an der Harzquerbahn, historischer Ortskern.
Harztor Ilfeld,
Tel. 036331/37370,
www.harztor.de

Ilsenburg
Erholungsort im Ilsetal an der Straße der Romantik, Schloss.
Tourismus GmbH Ilsenburg,
Tel. 039452/19433,
www.Ilsenburg-tourismus.de

Kelbra
Stadt in der Goldenen Aue am Nordwestfuß des Kyffhäusers.
Bürger- und Gästeservice Kelbra (Kyffhäuser),
Tel. 034651/459995,
www.kelbra.de

Langelsheim-Lautenthal
Luftkurort und Wintersportplatz im Innerstetal im Oberharz.
Tourist INFO Bergstadt Lautenthal, Fremdenverkehrsverein,
Tel. 05325/4444,
www.lautenthal.de

Oberharz am Brocken
Stadt mit dem Höhlenort Rübeland (Rübeländer Tropfsteinhöhlen), dem Luftkurort Hasselfelde, der Rappbodetalsperre (größte Talsperre des Harzes) u. a.
Tourist-Information Elbingerode, Tel. 039454/89487,
www.oberharzinfo.de

Osterode
Kreisstadt im Südharz mit stattlichem Fachwerkaltstadtkern.
Touristinformation Osterode am Harz
Tel. 05522/318 333,
www.osterode.de

Sankt Andreasberg
Heilklimatischer Kurort und Wintersportplatz im Oberharz.
Tourist-Information Sankt Andreasberg
Tel. 05582/29166-36,
www.sankt-andreasberg.de
www.oberharz.de

Schierke
Heilklimatischer Kurort und Wintersportplatz (Brockenbahn).
Tourist-Information Schierke,
Tel. 039455/868-0,
www.schierke-am-brocken.de

Stolberg
Eine der schönsten Fachwerkstädte des Harzes, Schloss.
Tourismus Information Stolberg Harz,
Tel. 034654/454,
www.stadt-stolberg.de

Thale
Erholungs- u. Ausflugsort am Austritt des Bodeschluchttals.
Bodetal-Information Thale
Tel. 03947/7 768 000,
www.thale.de

Wernigerode
„Bunte Stadt" am Harznordrand, gut erhaltener Altstadtkern und Schloss.
Wernigerode Tourismus GmbH,
Tel. 03943/55378-35,
www.wernigerode-tourismus.de

Die Brockenbahn auf den Brocken.

REGISTER